音楽科授業サポートBOOKS

はじめてでもわかりやすい リトミックを活用した授業アイデア

小学校音楽　井上 恵理・酒井 美恵子 編著

明治図書

はじめに

　本書を開いてくださいました皆様，ありがとうございます。

　この『はじめてでもわかりやすい　リトミックを活用した授業アイデア
小学校音楽』は，小学校の先生方と児童たちの笑顔があふれる中で，音楽的
な深い学びを実現する授業の実現に役に立つようつくりました。

1　様々な授業場面でリトミックを生かす豊富なアイデア

　本書では，様々な授業場面で活用できる73のコンテンツを見開きで提供し
ています。応用が利きますので，ご自身の授業のねらいや音楽の特徴等に応
じて活用してください。

2　豊かな音楽活動に役立つ映像や音源

　映像や音源があった方が分かりやすく効果的なアイデアには，オリジナル
の映像や音源を用意しました。事前の授業研究にも役立ちますし，児童に提
供する教材としても役立ちます。また，『動いてノッて子どもも熱中！リト
ミックでつくる楽しい音楽授業』（明治図書出版，2012）の際にDVDでご
提供した映像も一部ご覧いただけるようにしましたので，活用してください。

　最後に，本書の作成にあたって素晴らしいアイデアをお書きくださった執
筆者の皆様，映像でお世話になりました国立音楽大学附属小学校の松本絵美
子校長先生はじめ教職員と児童の皆様，出演してくださった国立音楽大学の
学生の皆様，そして迅速に美しく編集してくださった明治図書の木村悠氏に
心から御礼申し上げます。

2024年8月

井上　恵理

酒井美恵子

CONTENTS

はじめに　003

Chapter1 はじめてでもよくわかるリトミック

1 リトミックについて ……………………………………………………… 010
2 様々な音楽授業の場面に生かせるリトミック ……………………… 014
3 音楽活動と空間 …………………………………………………………… 016
4 本書の映像と音源の活用 ……………………………………………… 018

Chapter2 リトミックでつくる音楽授業アイデア73

常時活動

1 音と歩く ………………………………………………………………… 020
2 音楽を聴いて，曲想に合わせて歩く ………………………………… 022
3 即時反応① ―ストップ＆ゴー― ……………………………………… 024
4 即時反応② ―多様な動き― …………………………………………… 026
5 音楽やイラストから得たイメージに合わせて動く ………………… 028
6 まねっこあそび ………………………………………………………… 030

004

⑦ まねっこリズム① ―単純拍子と複合拍子― ………………………… 032

⑧ まねっこリズム② ―いろいろな音色や高さ，ニュアンスで― ……… 034

⑨ まねっこリズム③ ―応用編― …………………………………………… 036

⑩ わらべうた「あんたがたどこさ」
　　―歌詞の特徴を生かして様々に遊ぶ― ……………………………… 038

⑪ わらべうた「おちゃらかほい」
　　―人数，相手，拍を変化させて遊ぶ― ……………………………… 040

指揮

⑫ 指揮者体験 ―音楽と身振り― ………………………………………… 042

⑬ 打点のある基本の動き ………………………………………………… 044

⑭ 拍子に合わせた指揮 …………………………………………………… 046

他教科等との関連

⑮ 音楽と言葉 ―詩のリズムや抑揚を感じる― ………………………… 048

⑯ 英語のもつ形と音を楽しむ …………………………………………… 050

⑰ 音楽に合わせて体でアート作品づくり ……………………………… 052

歌唱

⑱ 単旋律の歌のポイント ………………………………………………… 054

⑲ 合唱のポイント ―揃えることを大切にして歌う― ………………… 056

⑳ 「うみ」―拍の流れと歌詞を関わらせて歌う― ……………………… 058

㉑ 「かたつむり」―リズムを感じて歌う― ……………………………… 059

㉒ 「ひのまる」―音の高さを感じて歌う― ……………………………… 060

㉓ 「ひらいたひらいた」―歌詞の意味に合わせて動きながら歌う― …… 061

005

㉔ 「かくれんぼ」—呼びかけとこたえを感じて歌う— ………………… 062

㉕ 「はるがきた」—旋律と歌詞から春を感じて歌う— ………………… 063

㉖ 「虫のこえ」—擬声語を楽しみながら動きをつけて歌う— ………… 064

㉗ 「夕やけこやけ」—フレーズを感じて動きながら歌う— …………… 065

㉘ 「うさぎ」
—味わいのよさを感じながら歩いたり動いたりして歌う— ………… 066

㉙ 「茶つみ」—休符で動いたり止まったりして歌う— ………………… 067

㉚ 「春の小川」—歌詞やフレーズを大切にして動きながら歌う— …… 068

㉛ 「ふじ山」—旋律線を声や動きで表して表情豊かに歌う— ………… 069

㉜ 「さくらさくら」
—フレーズのまとまりを感じて体を動かして歌う— ………………… 070

㉝ 「とんび」—強弱を工夫して表情豊かに歌う— ……………………… 071

㉞ 「まきばの朝」—曲想と音階の特徴を関わらせて歌う— …………… 072

㉟ 「もみじ」—2つのパートのリズムを体感して歌う— ……………… 073

㊱ 「こいのぼり」—リズムが生み出す曲想のよさを感じ取って歌う— 074

㊲ 「子もり歌」—音階の味わいの違いを感じて歌う— ………………… 075

㊳ 「スキーの歌」—音の高さを表現して歌う— ………………………… 076

㊴ 「冬げしき」—旋律やフレーズの特徴を感じ取って歌う— ………… 077

㊵ 「越天楽今様」
—曲想を味わい，旋律のまとまりを感じ取りながら歌う— ………… 078

㊶ 「おぼろ月夜」—曲にふさわしい呼吸で歌う— ……………………… 079

㊷ 「ふるさと」—強弱の変化を感じながら歌う— ……………………… 080

㊸ 「われは海の子」—曲の盛り上がりを意識しながら歌う— ………… 081

器楽

44 器楽における読譜のポイント ……………………………………… 082

45 合奏のポイント ―アンサンブル編― ……………………………… 084

46 合奏のポイント ―音を合わせるためのエクササイズ編― ……… 086

47 鍵盤ハーモニカ ―体を使って技能を身に付ける― …………… 088

48 ソプラノ・リコーダー ―指の使い方と音色の味わい― ………… 090

49 打楽器① ―体を手で叩く 太鼓を手で叩く― …………………… 092

50 打楽器② ―トライアングルの響きを感じる― ………………… 094

51 日本の楽器 ―箏の美しさと面白さを味わう― ………………… 096

音楽づくり

52 身近なものを使った音遊び・音楽づくり① …………………… 098

53 身近なものを使った音遊び・音楽づくり② …………………… 100

54 身の回りの様々な音遊び ―絵を声や楽器の音で表す― ……… 102

55 音やフレーズのつなげ方の面白さ ―楽器を紹介する― ……… 104

56 即興的な音の響きや組み合わせ ―図形譜を描いて表現する― ……… 106

57 思いや意図をもった音やフレーズのつなげ方
   ―3つの音を使って― …………………………………………… 108

58 即興的な音の響きや組み合わせ
   ―美味しそうなリズムアンサンブルをつくる― ………………… 110

59 思いや意図をもった音やフレーズのつなげ方や重ね方
   ―ブルース風― …………………………………………………… 112

60 音の風景 ―素敵な音を聴き取ったり組み合わせたりする― ……… 114

鑑賞

61 「くるみ割り人形」から「行進曲」
　　―聴いて動いて描く― ……………………………………………… 116

62 「おどるこねこ」―音色と拍子の特徴と関わらせて聴く― ………… 118

63 「シンコペーテッドクロック」「ゆかいな時計」
　　―音色に着目して聴く― ………………………………………… 120

64 「トルコ行進曲」―旋律と強弱を関わらせて聴く― ………………… 122

65 「アルルの女」第1組曲から「鐘」
　　―鐘の音と拍子を感じて聴く― ………………………………… 124

66 「白鳥」―旋律の美しさを味わう― ………………………………… 126

67 「山の魔王の宮殿にて」―曲想を感じとる― ……………………… 128

68 「つるぎのまい」
　　―楽器の音色や曲想の変化を味わいながら聴く― ……………… 130

69 日本の民謡 ―成り立ちや旋律とリズムの特徴等を捉えて聴く― …… 132

70 「春の海」―曲のよさを味わい，情景を想像しながら聴く― ……… 134

71 「春の海」との関連の音楽づくり
　　―タブレットで音楽をつくる― ………………………………… 136

72 「ハンガリー舞曲第5番」―曲想の変化を味わいながら聴く― ……… 138

73 「こびとのロンド」―ダルクローズの子どもの歌― ………………… 140

執筆者一覧　143

Chapter1

はじめてでもよくわかる リトミック

1 リトミックについて

本書はスイスの作曲家エミール・ジャック＝ダルクローズ（Emile Jaques-Dalcroze, 1865-1950）の創案した音楽教育法であるリトミックを生かして小学校の音楽の授業の一層の充実を図っていただきたいという願いを込めて作成しました。ここでは，リトミックという音楽教育法を解説します。

1 リトミックという音楽教育法

リトミックは音を聴き，感じ，体から音楽を理解し，さらに音楽を通して心身ともに情緒豊かな人間を育てること，表現することの素晴らしさを経験し，音楽の感性を高めます。

リトミックは，「リズム」「ソルフェージュ」「即興演奏」から成り立っていますが，本書では，「リズム」を中心に，「ソルフェージュ」や「即興演奏」も生かして構成しています。

2 リトミックの広がり

世界各地に普及しています。日本では，明治時代にすでに紹介をされています。本書の作成にご協力くださっている国立音楽大学附属小学校の創設時の音楽部長だった小林宗作（1893-1963）は，リトミックを日本で初めて音楽教育に取り入れていた方です。黒柳徹子さんの自伝『窓ぎわのトットちゃん』にも登場しますが，小林氏の次のような言葉が紹介されています。

「リトミックは，体の機械組織を，更に精巧にするための遊戯です。リトミックは，心に運転術を教える遊戯です。リトミックは，心と体に，リズムを理解させる遊戯です。リトミックを行うと，性格が，リズミカ

ルになります。リズミカルな性格は美しく，強く，すなおに，自然の法則に従います。」

　また，リトミックは学習指導要領にも影響を与えています。昭和43年告示の小学校学習指導要領音楽では，リズム，旋律，和声等を学ぶことを示している「基礎」領域が設定されましたが，その内容に大きな影響を与えたといわれています。それ以降の改訂では，「基礎」領域は表現と鑑賞領域の中に吸収されています。平成20年に告示された学習指導要領で〔共通事項〕が示されましたが，元をたどるとダルクローズのリトミックから影響された指導内容が含まれているのではないでしょうか。

（参考文献：平凡社『音楽大事典』及び昭和43年告示学習指導要領　他）

③　リトミックの効果

　リトミックを音楽の授業で生かすことで，身体の動きを通して音楽を感じ，また身体からの感覚や情報を表現することで音楽を美しく総合的に学ぶことができます。ダルクローズの言葉を借りて紹介します。

　「作品を頭だけで分析するよりも，身体全体の感覚経験でもってするという学習……フレージングやニュアンスづけの構造のどんな細部もすべて，身体で実地に体験され，身体機能に即したものになるがゆえに，生徒にははっきり見えるであろう。生徒は，自分の内に音楽をもつようになり，彼の楽器による演奏表現は，一段と確信に満ちた，内発的な，生き生きとした，個性的なものになるであろう。」

（E.J. ダルクローズ著／山本昌男訳『リズムと音楽と教育』全音楽譜出版社，2003）

Chapter1　はじめてでもよくわかるリトミック　　011

4 リトミックを授業に取り入れる際に心掛けること

　本書は，はじめてリトミックを取り入れる先生方にも使いやすいよう構成しました。授業をする上で心掛けることは，音楽と人間への感動と好奇心と愛情です。音楽が生まれる瞬間に何が起きるでしょうか？　音楽は生きた人間の体から生まれています。体のリズムに気付き，その流れと躍動感に気付きましょう。五感を豊かにし，自分の感性や個性を生かして授業に向かいましょう。

5 リトミックを授業に取り入れる際に重要な3つの側面

　リトミックを音楽の授業に取り入れるためには，以下の3つの側面からとらえることが重要です。それぞれはお互いに関わりをもち，目的にもなり，方法にもなります。

　指導計画を作成するときに，この3つの側面がどのように関わっているかを考えましょう。

〈音楽的要素〉

拍　テンポ（速さのニュアンス）　強弱

ダイナミック（強さのニュアンス）　音色（質感のニュアンス）

音高　音域　拍子　フレーズ　リズムパターン

音程（全音／半音，様々な音程）　メロディー　音階

和音（ハーモニー）　調性　アナクルーシス（動作の準備）

アクセント　休符　シンコペーション　補足リズム　形式　等

〈身体的要素〉

呼吸　声をだす　歌う　聴く　見る　触る　緊張と弛緩　平衡感覚

反復運動　末端運動と全身運動　運動の誘発と抑制

身体の部分の分離と統合　動を認識する身体　空間を認識する身体

様々な動き（走る・スキップ・ジャンプ・ゆれる・回る・伸びる・縮む）等
〈総合的要素〉
感じる　発見する　楽しむ　想像する　表現する　伝える　共感する
共有する　協調する　適応する　反応する
コミュニケーションをとる　集中する　開放する　考える　分析する
判断する　記憶する　模倣する　創造する　即興する　等

　上記「音楽的要素」を，本書では〔共通事項〕を切り口にして構成しています。そして，各アイデアに「身体的要素」と「総合的要素」を多様に組み合わせています。本書を活用して音楽の授業にリトミックを取り入れる実践を行っていただき，さらにご自身で「音楽的要素」「身体的要素」「総合的要素」を関わらせて，新たな授業のアイデアを生み出してください。

　音楽は私たち人間のすばらしい財産です。児童たちがそのすばらしさを心から実感できることを願っています。

※本稿は，井上恵理・酒井美恵子著『動いてノッて子どもも熱中！リトミックでつくる楽しい音楽授業』（明治図書出版，2012）をもとに構成しました。

（井上　恵理）

2 様々な音楽授業の場面に生かせる リトミック

体を動かす活動は，小学校学習指導要領音楽で示されている〔共通事項〕の「音楽を形づくっている要素」に気付き，感じ取りやすく，音楽との一体感を味わうことができます。要素ごとに活動例を紹介します。

1 音楽を特徴付けている要素

要素	活動例
音色	特定の声や楽器に着目して聴いたり，動いたり，表現したりする。
リズム	音楽を聴きながら教材曲のリズムで動く。
速度	音楽を聴きながら速度の変化に合わせて歩いたり走ったりする。
旋律	音楽を聴きながら旋律線の上下を腕の上下で表したり，楽譜の音符を指でなぞったりする。
強弱	音楽を聴きながら歩いたり強弱の変化に応じた動きをしたりする。
音の重なり	声や楽器による音の重なりを聴き取る。即興的にアンサンブルを生み出し，音の重なりを意識する。
和音の響き	長調や短調のⅠ，Ⅳ，Ⅴ，Ⅴ7の和音を聴きながら，特徴によって動きを変える。
音階	音階を歌う，手の動きで高さの変化を表す，高さを意識できる教材を見るなどする。いろいろな音階を聴き分けたり，歌い分けたりする。
調	音楽を聴きながら，調の味わいによって歩き方や顔の表情，全身の動きなどを変える。

拍	音楽を聴きながら拍を感じて歩いたり，円になってクラップまわしをしたりする。自由リズムの音楽を聴きながら，音楽に合わせて動く。
フレーズ	音楽を聴きながらフレーズを感じ，手で大きく弧を描く。フレーズごとにボールや紐などを受け渡す。

② 音楽の仕組み

要素	活動例
反復	音楽を聴きながらリズムやフレーズに応じた動きをして，反復をとらえる。
呼びかけとこたえ	音楽を聴いて，呼びかけとこたえを聴き分けたり，自分たちで呼びかけとこたえを声や楽器，動きなどで表現したりする。
変化	音楽を聴きながら歩いて，音楽の変化を実感する。
音楽の縦と横との関係	歩いたり特定の楽器に着目して動いたりしながら聴くことで，その楽器と他の楽器の関わりを実感する。和音を意識して動きを伴って聴き，旋律と和音の響きの関わりを聴き取る。

　なお，本書の第2章（Chapter2）では，各タイトルの下に，「聴き取り感じ取る要素」を挙げていますので，参考にしてください。

※表は井上恵理・酒井美恵子著『動いてノッて子どもも熱中！リトミックでつくる楽しい音楽授業』（明治図書出版，2012）の13ページをもとに再構成しました。

（酒井　美恵子）

Chapter1　はじめてでもよくわかるリトミック　　015

3 音楽活動と空間

1 音楽活動と空間の特徴

　音楽活動をどのような空間で行うかで，音楽の響き方，聴き方が変わってきます。教室や音楽室でも，可動式の机や椅子であれば，動かして授業形態を変えることもできます。また，合唱や器楽アンサンブルをするときの演奏者の立ち位置を変えることで，新しい音の響き方，聴き方の発見ができます。ダルクローズ（1865-1950）は，「Time（タイム）—Space（スペース）—Energy（エネルギー）」の3つの観点から，音楽と動きの教育，リトミックを考案しました。また，階段のあるステージや，スイスの湖を背景にした野外などで音楽空間，演劇空間を創造していました。

　目的に応じた創造的な音楽空間を作るアイデアをご紹介します。

2 リトミックを生かすアイデア

① 自分の周囲を観察しよう

　教室，音楽室，ホール，外など，これから音楽活動をする場所を有効に安全に活用するために，まずはよく観察しましょう。足元から遠くまで四方八方を観察します。「丸の形を見つけてみよう。いくつある？　曲線は？　一番長い直線は？」等々，具体的な問いかけをすると観察しやすいでしょう。また，椅子，時計，楽器などについて，まずは自分のいる場所から周囲を見渡し，次に歩き回って探してみましょう。近くの細部を視るミクロの眼と，遠く広く視るマクロの眼をもちましょう。

② どこかに向かって音を放ってみよう

　見つけたものに向かって，声を出してみましょう。「おはよー！」の呼び
かけはおすすめです。近くのものに，遠くのものに，上に向かって，下に向
かって，声を出します。標的に向かってボールを投げたり，転がしたりする
イメージです。ちゃんと音が当たるかな？　空間の広さや距離感，方向性を
意識すると声の大きさや長さ，音色が変わってきます。

③　いろいろな方向から聞こえてくる音をキャッチしよう

　合唱や器楽アンサンブルをする時は，他のパートや楽器の音を聴くことが
大切です。音楽の重なりを感じると楽しい気持ちになります。

１）２人で音楽をする例

　２人で歌ったり，リコーダーを演奏したりする時，いろいろな位置で音を
出し，聴き合いましょう。横並び？　向かい合う？　離れて向かい合う？
背中合わせ？　いろいろと実験をしてみましょう。

２）合唱の例

　横並びになって歌うことが多いですが，円になって歌ってみましょう。

　お互いに歌いかける，重ねるという気持ちが高まります。円の中心に何人
かが座って聴く体験もしてみましょう。いろいろな声が自分の体の360度の
空間から鳴り響いてくるのが分かります。目を閉じて聴いてみてもよいです。
体全体で音楽の響きを感じることがより実感できます。特に追いかけっこの
歌，輪唱は，円で歌うと歌が廻っているように聞こえてきます。

　また，空間を移動しながら歌う活動もしてみましょう。いろいろな発見が
あります。パートごとに移動してもいいですし，１人ずつあちこちに移動し
ながらでもいいです。集まったり，離れたりして歌うことで音楽の特徴をよ
り生かすこともできます。

（井上　恵理）

4 本書の映像と音源の活用

1 本書の映像と音源の特徴

　本書では，活字情報に加えて複数の映像と音源を用意しました。教材研究として視聴，聴取していただいてもよいですし，授業で教材としてもお使いいただけます。

2 映像と音源の活用例

① 動きの参考や教材としての動画と音源

　どのように動くとよいかについては動画でご覧いただけます。また，音源を付けているページもあります。そのまま教材としてお使いいただけます。ピアノが得意な先生は，教材研究としてお聴きいただき，応用して授業場面で活用してください。

　いずれの動画及び音源も QR コードからアクセスできます。

② 発展的な動画の活用

　64ページの「虫のこえ」と88ページの「鍵盤ハーモニカ」では，2012年に刊行した井上恵理・酒井美恵子著『動いてノッて子どもも熱中！リトミックでつくる楽しい音楽授業』に付けた DVD から抜粋して視聴できるようにしてあります。楽しい動きや発展的な学習，鍵盤ハーモニカ名人の卓越した演奏などは，教材研究としても教材としても魅力的な動画です。ぜひご覧ください。

（酒井　美恵子）

Chapter2

リトミックでつくる 音楽授業アイデア73

1 音と歩く

聴き取り感じ取る要素　強弱，速度，拍
学年／領域　全学年／常時活動

1　リトミックと歩くこと

　歩くことは人間の基本的な動作であり，気持ちが明るくなると足取りが軽くなり，頑張りすぎると体が疲れて足取りは重くなります。実はそこには，音楽が備わっており，拍の流れ，速さや強弱などを感じることができます。
　音楽を奏でるというよりも，自然と体を動かしたときに音楽が寄り添っている感覚を感じられるとよいです。活動時には，友達と歩く速度や強弱が揃っているか気を付けることが大切です。なお，歩く時の教師によるピアノや太鼓による音楽は活動をより活性化させます。

2　リトミックを生かすアイデア

①　気持ちから生まれる歩き方（QR1）

　音楽が無い状態でいろいろな気持ちになってどのように歩くか想像し，歩いてみましょう。

　気持ち／歩き方：　楽しい・嬉しい　／　つま先を使ってスキップ
　気持ち／歩き方：　悲しい　　　　　／　すり足を使ってゆっくりと

　日々の生活からいろいろな気持ちを感じていますのでどのような気持ちがあるかは児童たちからたくさん引き出しましょう。歩き方だけに留まらず，表情や手の表現がついても素敵です。歩くだけでも自然と様々な強弱や速さを感じることができます。

QR1
動画

QR2
動画

QR3
動画

② あらゆる年齢層による歩行（QR2）

　人間の歩き方を例え，いろいろな速さを感じてみましょう。赤ちゃん歩きから高齢者になっていくまでのジェスチャーを用いて様々な速さや強弱に気付くことができます。

　　ゆっくりの速度：赤ちゃんのようなハイハイ，高齢者が歩く様子
　　落ち着いた速度：駅で歩いている人たちをイメージし，リュックやバックを持ったジェスチャーもつけて歩いてみましょう。
　　速い速度　　　：休み時間に外で遊ぶ私たちと例えると想像しやすいです。速い音楽を聴くと自然と動き出すこともありますが，それは児童たちに合わせて大丈夫です。

　夢中になりすぎて全体を確認せずに衝突する危険もありますので，クラスの人数や実態に応じてグループを分けて行うこともお勧めします。

③ "みんなで歩く"を創ろう（QR3）

　まずは自由に歩いてみましょう。次に，「誰かの歩くスピードに合わせてみましょう」と声をかけてみてください。しかし，我が道をゆくタイプの児童もいますので，7割ほど歩き方が揃ってきたら，太鼓で全員の歩行の速さを揃えたり，ピックアップする児童の背中をタッチしてどこに歩行を合わせるのかアシストしたりしてみてください。次に，「違うスピードや強弱は他にはあるでしょうか」と声をかけ，いろいろな歩き方で音楽と共に歩いてみましょう。

　歩き方を変える時は，クラップや注目できる音で合図して，一度止まって再スタートすると子どもたちの「見る」「聴く」力が高まります。

　日常の中で，速さに気付く力が高まります。

（岸田　衛）

2 音楽を聴いて，曲想に合わせて歩く

聴き取り感じ取る要素　拍，旋律，音色
学年／領域　全学年／常時活動

1 作品や題材などの特徴

前項で活動した内容に加え，歩きながら「音域」「質感」などの変化を感じ取り，それらに即した動きをしてみましょう。

2 リトミックを生かすアイデア

① 音の高さの違いを感じて歩き方を変えてみよう (QR 1)

音の高低は，違いが明確であり低学年の児童でも聴き取りやすい要素です。

拍の流れにのって歩きながら，音の高さを表現してみましょう。最初は，極端に違う音域で行います。ピアノの高音域・低音域を使うと分かりやすいと思います。指導者は，最初は歩きやすい速度（♩＝100～120くらい）を軸に，それぞれの音域をある程度続けて演奏しましょう。難しい旋律でなくても大丈夫です。まずは，ランダムに選んだ音を弾いてみてください。可能であれば，児童が慣れ親しんだ既習曲や校歌，ポップスなどのメロディーを引用して演奏するのもよいでしょう。参考音源を活用いただけます。

高音域の時は［手を上げながら歩く］［爪先立ちで歩く］，低音域の時は［かがみながら歩く］［アヒル歩き］など，まずは先生が歩き方を提示してから行います。この時，音域の変化に無理なく反応できる体の使い方になるよう，配慮しましょう。児童からのアイデアがあれば，それを採用しましょう。あるいは，児童それぞれの考えたアイデアで動くなど，全員が同じ動きでなくても構いません。慣れてきたら高低の変化のサイクルをより短くしたり，速度や強弱の変化を加えたりしてみましょう。

また，音が低い＝音が大きい，音が高い＝音が小さいというイメージをもつ児童が多いですが，音域が低くて小さい，音域が高くて大きいという組み合わせの音を動く経験も取り入れましょう。その時に，強弱や音域に即した体や空間の使い方を意識して動いてみましょう。(QR２)

② 音質を聴き取ってマッサージしながら歩こう（QR１）

「スタッカート」という言葉を学習するのは中学年以上ですが，音の質を感じ取ることは低学年でもできます。［弾む感じの音は指で空気をツンツンしながら歩く］［なめらかな感じの音は空気を撫でながら歩く］など，体の動きを通して違いがはっきりと分かるような動きを取り入れましょう。

まずは，お友達と２人組になって前後になります。後ろの児童は，前の児童の肩の周辺をマッサージします。弾む感じ，滑らかな感じ等を体感してみましょう。マッサージをしながら「ツンツン」「トントン」「ス〜ス〜」などの，動きに即したオノマトペを唱えながら行うと，より質感のイメージが持てますし，発語することによって違いを児童自身が明確に感じられます。適宜役割を交代しながら行います。

次に，先生が下の例のようなピアノ等を使って「トントン」「スースー」の音楽を混ぜながら弾きます。(QR３，４)

マッサージ音楽の例

児童は聴いた音楽に沿ってマッサージをします。慣れたら，拍を歩きながら教室をスースー，ツンツン，トントンしながら歩いてみましょう。

（佐藤　温子）

3 即時反応①
―ストップ＆ゴー―

聴き取り感じ取る要素　拍，リズム（休符）
学年／領域　全学年／常時活動

1 作品や題材などの特徴

　音楽において休符も大事です。
　ここでは，休む，静かにする，止まるという印象ではなく，止まりながらどこかでは音楽が常に流れエネルギーは留まらない感覚を意識した内容を紹介します。休符が短くとも，長くとも，音楽の流れを感じることで音楽表現もより豊かになっていきます。

2 リトミックを生かすアイデア

① ピアノの音に合わせて（QR1，2）

　まずは，ピアノの音に合わせて歩きましょう。次に，音が止まると完全に止まるわけではなく足の指やつま先を動かして拍の流れを見失わないようにしてみます。その活動に慣れてからいろいろな曲想に合わせて歩いてみることで休符のもつエネルギーを感じることができます。QRコードから音源を使う際は，ただ，歩くだけではなく，音楽の様子に合わせて，足が上がっているのか，つま先を使ってそぉーっと歩いているのかなど教師も共に歩きながら指導しましょう。音楽の様子に合わせるだけで止まった時も音楽の変化を感じることができます。

　ストップ＆ゴーのタイミングは，拍子の終わる瞬間ではなく，少し手前に声をかけるようにして準備して止まれるようにしましょう。（図参照）

② 教師の声や太鼓に合わせて（QR1，2）
　太鼓で拍の流れを提示し，声による合図で行うこともできます。まずは，太鼓を一定の速さで鳴らして児童と一緒に歩いてみましょう。ある程度歩いたら，教師が「ストップ！」と声をかけましょう。先ほどの足の指を使うのもよいですが，今度は手の指を使っていろいろな体の部分を軽くタップするよう指示しましょう。その時に，拍の流れを意識してタップできているか確認してみましょう。次の歩き出しのヒントになります。そして再び教師の「ゴー！」の声による合図で活動に取り組んでみましょう。慣れてきたら友達と体をタップし合うこともできます。

③ 友達と一緒に
　1人での活動でも充分に楽しめる活動ではありますが，友達と関わって活動することで学び合いましょう。
　2人或いは3人のグループになり，座って向かい合いましょう。始めは友達とハイタッチして拍の流れを確かめましょう。そして，ピアノや教師の声の合図でストップしますが，その時は，眉毛や瞬き，鼻の穴，口を動かして睨めっこをするなど，顔を使ってストップ中に音楽を感じてみましょう。中学年や高学年では，ストップ中に体以外のところ（床，空中）を掴んだり，触れたりしてみるとよいです。
　活動に慣れてきたら教師の「チェンジ！」で新しいお友達とグループを作っていろいろな人と関わる時間を作ることもできます。

（岸田　衛）

4 即時反応②
―多様な動き―

聴き取り感じ取る要素 拍，リズム，旋律，
学年／領域 中学年以上／常時活動

1 作品や題材などの特徴

即時反応①を経て，今度は拍の流れにのってリズムの組み合わせ，旋律の形や音色を聴き取って動いてみましょう。その場で示される視覚指示，聴覚指示を瞬時に判断して反応することは決して簡単ではありませんが，音楽ゲームのような感覚で楽しく活動していきましょう。

2 リトミックを生かすアイデア

① **リズムに合わせてジャンプ＆クラップしよう**（QR1）

［前・後］の2つの言葉を使って，リーダーがリズムを唱えます。児童はその指示に応じてリズムを復唱しながらタイミングを合わせてジャンプをします。慣れてきたら［右・左］あるいは［上・下］に変えたり，混ぜたりしながら行いましょう（上・下は手拍子で表す）。拍がずれないように，教師が打楽器で拍打ちをしたり，キーボードなどに内蔵されているリズムパターンなどを音源として流しながら行うとよいでしょう。QR1を参考にしてください。「後・前・上・（うん）」……等

② **音の形を捉えて動こう**（QR1, 2, 3）

タタ｜タタ｜タン｜ウン｜のリズムで表される3種類の音の形を捉えてまねっこして旋律を歌いながら下記のように動いてみましょう。

・音が上行したら　　→　前に進む「上がります～」
・音が下行したら　　→　後ろに下がる「下がります～」

・音が停滞してたら　→　その場で足踏み「同じです〜」

　３つ音楽の形を聴いて反応することに慣れたら，

・音がジグザグしてたら→　前後に動く「行ったり来たり〜」を加えます。

【発展】何人かでグループになり，縦一列になります。音が上行したら，最後部にいた人が「上がります〜」と言いながら最前列に移動します。同じように音が下行したら，最前列の人が最後部に移動します。停滞音は，その場で足踏み，ジグザグ音は列で前後に動きましょう。お友達と関わりながら楽しく音を聴く活動ができます。QR1を参考にしてください。

③　拍子を動きで表そう

１）拍子の１拍目だけを動く

　教師が指定した拍子の１拍目のタイミングに合わせて，様々な造形を作ってみましょう。だるまさんが転んだの要領で，ピタッと止まります。毎回美しい彫刻像が音楽室の中に表されるイメージで形作りましょう。クラスを半分に分けて鑑賞し合うのもよいです。いろいろなテンポや拍子で行いましょう。

２）１拍目担当が動きのリーダー（QR4）

　４人以上のグループ，もしくはクラス全体で行います。１人１拍ずつ担当して動きを回していきます。それぞれの拍子の１拍目担当の役になった人は動きを考えます。例えば４拍子だったら，１拍目の人が提示した造形を，２・３・４拍目担当の人が自分のタイミングで模倣します。それを繰り返していきます。拍の流れにのって拍子のまとまりを感じつつ，身体表現を瞬時に捉えて表していきましょう。QR4を参考にしてください。

（佐藤　温子）

5 音楽やイラストから得たイメージに合わせて動く

聴き取り感じ取る要素 旋律, リズム
学年／領域 全学年／常時活動

1 作品や題材などの特徴

学習指導要領にもある，思考力・判断力・表現力を養うために有効な活動です。音楽やイラストを見てリズムや短い節からなる旋律を体で表現する内容をまとめました。子どもたちが今まで生きてきた環境の中で育った感性から生み出される表現を他者と共有し，普段の音楽活動における表現の工夫に生きて働く活動です。

2 リトミックを生かすアイデア

① 旋律の特徴からイメージしよう（QR1）

まずは，4拍分から成るオノマトペを教師が提示しましょう。

例： さ.ら.さ.ら.　　　　　　ポリポリポリポリ

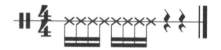

次に，そのオノマトペの特徴にあった声を使ってまねっこしていきます。そして，オノマトペにあった動きを考えます。動きがまとまったら繰り返して練習をしてみましょう。最後に，音楽を聴いてオノマトペに合った動きを答え合わせしていきます。音源（QR2）は，13種類ありますので子どもたちの考えた動きとオノマトペに合う音楽を選んでみてください。

QR1 動画
QR2 音源

② イラストからイメージしよう（QR1）

　さらに想像力を膨らませていきましょう。まずは，下記の5つのイラストを見せてこのイラストにオノマトペで題名をつけましょう。いろいろな名前がついたらその名前の特徴を生かした身体表現を見つけていきます。言葉の特徴によっては全身を使ったり，手だけ使ったりするものもあるかもしれません。最後には，好きなイラストを選んで，イラストにあった演奏とともに表現します。音源（QR2）を参考にしていただき，ぴったりなオノマトペをつけて新しい表現を見つけてみてください。

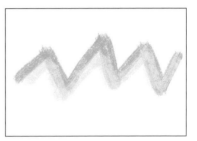

（岸田　衛）

6 まねっこあそび

聴き取り感じ取る要素　リズム，拍
学年／領域　全学年／音楽づくり，常時活動

1　作品や題材などの特徴

　赤ちゃんが拍手をしたり，物を掴んだりすることはきっと誰かのまねっこをしたからでしょう。そして，まねっこを積み重ねることで，人は様々なことが可能になるものだと思います。この「まねっこあそび」は，低学年で取り扱う内容に感じられますが，リズムや動きを模倣する活動は全学年で価値があります。リズムや各々の表現を模倣することでこれまで感じたことのない感覚を呼び覚まします。自己表現活動への手立てとしたり，授業で使う教材の補助的な活動としたりするなど，使い方は様々です。いろいろなまねっこに取り組んでみてください。

2　リトミックを生かすアイデア

① 歩くまねっこ

　手は何か書いたり，触ったり，掴んだり，生活の中で多く使われ，器用に扱うことができます。しかし，足は手よりも柔軟に動くことが難しいです。ここでは，足を使った様々な表現を身につけ，足は音楽を感じるのに大切な部分であることを意識することができます。

　まずは，1人が4分音符を3つ歩いて止まりましょう。その時に3歩目で「どうぞ！」とまねっこするタイミングを与え，みんなでまねっこしてみましょう。いろいろな歩く様子を例示したので活用してみてください。

・すり足を使ってスタスタ歩く　　　・両足でカエルのように歩く
・足をお腹の高さまで上げて大股で歩く・モデルのように歩く

・つま先を使って素早く歩く　　　　・片足だけで歩く

② 鏡のように

　自分の動きがどのように写っているか，客観的に自己表現を感じることに適した鏡の活動で自己表現力を向上させることができます。そして，友達の動きを鏡のようにまねすることで表現の幅を広げることができます。この活動に拍の流れはありません。心のままに自由に表現してみましょう。面白いルールとして鏡になりきるために声や音をまねっこすることはやめてみましょう。無音の世界でユーモアに溢れたまねっこを展開しましょう。

・無音で拍手するまねをしてみましょう。はじめは４分音符を３つ叩き，４拍目に４分休符を入れて流れを掴みましょう。途中，４回連続で叩くなどしてひっかけをしてみましょう。

・反復横跳びをしてみましょう。しかし，途中で左右どちらかに何度もステップをしてひっかけてみましょう。

　教師のまねをすることから始め，グループ活動やペア活動で行えます。予測されない動きに即時的に判断し，表現する力も身につけることができます。

③ はい！ポーズ！

　写真を撮る時に自然とポーズを決めることがあります。また，戦隊ヒーローやアイドルなどが行うポーズをして遊ぶ児童たちもいます。ポーズを取る時はもちろん静止状態です。創造力だけでなく，バランス感覚など身体能力の向上を目指すこともできます。

・まずは輪になり，１人ずつ４拍の中の１拍目でポーズを決めてみましょう。
　２拍目以降は休符としてポーズを決めたままキープしましょう。

・次に，ポーズを決めた後に全員で４拍間のまねっこしていきます。

・全員が終わったら「はい！　ポーズ！」と声をかけて全員でポーズをかっこよく決めてみましょう。

（岸田　衛）

Chapter2　リトミックでつくる音楽授業アイデア73　　031

7 まねっこリズム①
―単純拍子と複合拍子―

聴き取り感じ取る要素　拍（拍子）
学年／領域　高学年／音楽づくり，常時活動

1 作品や題材などの特徴

　単純拍子とは，2拍子，3拍子，4拍子があり，分母の音符を1拍としてそれ以上分割できない拍子のことを指します。
　複合拍子とは，1拍のなかを3分割して感じる拍子のことです。例えば，6／8拍子では，1小節の中に，8分音符が6つ存在していますが，3つずつ分けることでまとまった2拍と感じることができる拍子です。

2 リトミックを生かすアイデア

① 4拍子のまねっこ（QR1）

　4拍子はとても取り扱いやすく体にも馴染みやすい活動なのでまねっこリズムはここからスタートしましょう。
　まずは"1234"と教師に続いて子どもたちは声でまねっこすることから始めましょう。次に，"1234"の声に合わせて手拍子を4つ叩いた後にまねっこしてみます。ここで大切なことは，強拍を意識できているかということです。1拍目に忙しいリズムが来ると相手に伝わりづらいので気を付けながらまねっこに取り組んでみてください。
　教師が拍の数字を発しながらサポートする場合は，「4」のイントネーションを少し上げ調子にするとまねっこしやすくなります。

② 3拍子のまねっこ（QR2）

　3拍子は言葉やリズムを真似することはできても，なめらかさや流れる感

じなどの拍子の特徴を捉えることが難しい拍子です。そのため，教師がなめらかな動きを伴ったリズム表現や言葉選びと声の調子を工夫することが重要です。

まずはじめに，3つの拍の流れを捉えるために言葉の模倣を行なって次のステップに移るようにしましょう。

〈例〉
　言葉：・「踊りましょっ」
　　　　・英語「ワン・ツー・スリー」
　動き：・1拍目は手拍子をし，残りの拍は，波のように動かす。
　　　　・3拍かけて象の鼻のように腕を動かす。
　　　　・体全体で昆布やわかめのように縦や横や斜めに揺れ，方向を変える。

③ 6拍子のまねっこ（QR3）

　高学年では，6拍子の教材の取り扱いも出てきます。ここで拍子の特徴を感じることで，器楽や歌唱の活動がさらに発展できます。

　まずは体を使って8分音符を3つずつ感じて横に揺れてみましょう。そこに"123""456"を1つのまとまりとしてまねっこしてみましょう。

　慣れてきたら，3拍子のまねっこリズムで取り組んだ言葉や手拍子，体の動きで応用してみましょう。

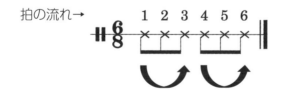

（岸田　衛）

8 まねっこリズム②
—いろいろな音色や高さ，ニュアンスで—

聴き取り感じ取る要素　リズム，拍，強弱，音色
学年／領域　中学年・高学年／常時活動

1　作品や題材などの特徴

まねっこリズム①では，主に手を使ったリズムづくり，模倣でしたが②では体のいろいろな部分を組み合わせて音を出したり，動きの特徴を捉えて音声化したりなど，発展・応用しながら表現の幅を広げていきます。

2　リトミックを生かすアイデア

① **体のいろいろな部分を使って即興的に表そう，まねしよう**（QR1）

クラス全員で円を作ります。手や足，お腹，声などを組み合わせて，拍の流れにのって1人ずつ順番に4拍分のリズムをつくって表します。表されたリズムをみんなでまねっこします。それを繰り返してリレーしていきましょう。

手だけを使った時と比較し，選択肢が増え，表現のヴァリエーションがぐんと広がります。即興的にリズムをつくり組み合わせを考え表すこと，またそれを瞬時に観察・分析して再現するには大変な集中力が必要となりますが，児童たちには大人気の活動の1つです。基本となる速さや拍子なども適宜アレンジしながら行いましょう。テンポをゆっくりにするとスローモーションのようになって面白い反面，拍の保持が難しくなってスリリングです。

② **音の高低を聴き取って手と足でまねっこしよう**（QR2）

椅子に座ったままでも，全員で向かい合って円になっても，好きなところに散らばってもできます。手と足／ピアノの高音部・低音部／ハンドベルの高音・低音／音の高低があるボンゴのような楽器等を使って，教師あるいは

リーダーによって示された4拍分のリズムを覚え，また音の高低の組み合わせを聴き分けます。高い音は手拍子で，低い音は足踏みで表してみましょう。

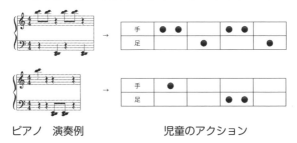

ピアノ　演奏例　　　　　　　児童のアクション

③　サイレントリズムに音を付けよう

　クラス全員で円を作ります。①と同様，リーダーは，体のいろいろなところを組み合わせてリズムを作りますが，今度は音が鳴らないように表現します。リズムを示すことにとどまらず，強弱のニュアンスなども意識して行ってみましょう。例えば，大きく表したい音は，腕全体を大きく使ってシンバルを鳴らすように円を描いて表現したり，小さく表したい音は，つま先を床にそっと触れるように表現したりなどです。

　リーダー以外の人は，リーダーが音を立てずに体の動きで表したリズムを観察し，同じように音を立てずにそっくりそのまままねっこして表します。

　この活動は無音で行われることになります。基本となる拍がずれないよう，教師が小さな音で拍を打つとよいでしょう。

【発展】（QR3）

　リーダーがつくったサイレントリズムを，今度は音付けをして再現してみましょう。リーダーがどんな音をイメージして体で表したのかを感じ取って動きと音で表してみます。リーダーが示した「目に見える聴こえない音楽」から「目に見える聴こえる音楽」に変換させましょう。動きから連想される言葉やオノマトペを加えてみても楽しいです。想像力を働かせながらぴったりの音を出してみましょう。

（佐藤　温子）

9 まねっこリズム③
—応用編—

聴き取り感じ取る要素　リズム，拍，強弱
学年／領域　高学年／常時活動

1 作品や題材などの特徴

　いよいよ，まねっこリズムの応用編です。これまでのまねっこリズム①，②までの内容をふまえ，さらにアレンジしていきます。動きを変換して表したり，同時に２つのリズムを表したり，瞬時に言葉を紡いだり……拍の流れにのってエキサイティングに活動しましょう！

2 リトミックを生かすアイデア

① あべこべリズムに挑戦しよう（QR１）

　手と足を使い，これまでのまねっこリズムの要領でリズムをまねっこしていきます。ただし，手を使ったリズム表現をした時の模倣は足のステップで行い，足を使ったリズム表現をした時は手でリズムを叩きます。視覚・聴覚から受け取る情報を瞬時に理解し，変換してすぐさま表すことは容易ではありません。まずは「手だけ」「足だけ」に限定し，慣れてきたら少しずつ手と足を組み合わせたリズムへと発展させましょう。

| 手 | 手 | 手 | うん | → | 足 | 足 | 足 | うん |

| 手手 | 足 | 手手 | 足 | → | 足足 | 手 | 足足 | 手 |

QR1 動画　QR2 動画　QR3 動画

② 2つのリズムを同時進行するリズムに挑戦しよう（QR2）

　手や足で簡単なリズムオスティナート（パターンを続けて何度も繰り返す事）を表しながら，言葉や体を使ってリズムをつくって表します。

　オスティナートリズムが崩れないように保持しながら，表されたリズムをキャッチして模倣するのはとても難しいことですが，出来た時の達成感もピカイチです。オスティナートは，最初はごく簡単なリズムを選びましょう。

　こうした活動を繰り返すことで，複数のリズムや音を聴く力が育ち，合唱や合奏などのアンサンブルでも生かされていきます。ちなみに，おすすめは，「We Will Rock You」です。足足手！　足足手！　児童に大人気です。

③ 言葉ゲームに応用リズム（QR3）

　拍打ちやリズムステップなどをしながら，言葉でリズムをつくってまねっこします。その日のお題を提示し，（例：好きな食べ物，都道府県などの地名，夏休みの思い出……等。とても難しいですが，しりとりでもチャレンジできます）1人ずつリズムにのせて表していきましょう。お題は児童が設定するのも意欲がわきます。アクセントやイントネーション，声色なども工夫しながら行うと表現の幅もグッと広がります。もしもすぐにアイデアが浮かばない，あまり言いたくない等の児童がいたら「ひみつ」「ノーコメント」などの表現も使えることを提示すると，みんなが安心して取り組めます。

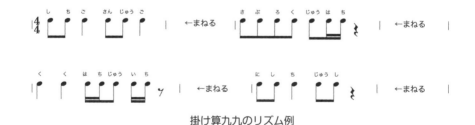

掛け算九九のリズム例

　いろいろなアレンジを加えて楽しみながら活動して，友達ともリズムとも仲良しになりましょう！

（佐藤　温子）

10 わらべうた「あんたがたどこさ」
―歌詞の特徴を生かして様々に遊ぶ―

聴き取り感じ取る要素 拍, 音の重なり, 反復
学年／領域 低学年／音楽あそび, 常時活動
作詞／作曲 わらべうた

1 作品や題材などの特徴

「あんたがたどこさ」は,「さ」の音が印象的なわらべうたです。ここでは, 様々な遊び方や歌い方の工夫を紹介します。

あんたがた　どこさ
ひごさ
ひご　どこさ
くまもとさ
くまもと　どこさ
せんばさ
せんばやまには
たぬきが　おってさ
それを　りょうしが
てっぽうで　うってさ
にてさ
やいてさ
くってさ
それを　このはで
ちょいと　かぶせ

2 リトミックを生かすアイデア

① 「さ」で動こう

「あんたがたどこさ」の「さ」の部分を生かして遊びます。以下の4つの例は, 全て「さ」の部分でアクションを起こします。教師が小物打楽器などで拍を刻みながら歌うと, 児童が活動しやすくなります。

1)「さ」の部分で手拍子や足拍子をします。
2)「さ」の部分でボールをつきます。
3)「さ」の部分で一歩進みます。
4) 歩きながら歌い,「さ」の部分で友達とハイタッチをします。

② 「体の楽器」で歌おう

　自分の体のいろいろな部分を楽器にして歌うことも楽しい活動です。例えば，「あんたがた……」の部分は手で膝を打ち，「さ」の部分は手拍子をします。教師は，小物打楽器などを使って拍を刻み，児童が活動しやすいようにします。はじめは「あんたがた……」と声で歌いながら「体の楽器」の練習をし，慣れてきたら「体の楽器」をしながら，心の中で歌ってみましょう。自然と「あんたがたどこさ」が聴こえてきます。

③　歌の追いかけっこをしよう

　いくつかのグループに分かれて，歌の追いかけっこ（カノン）をしましょう。練習をする際は，教師が小物打楽器などで拍を刻みながら，先行するパートを歌い，児童は後行するパートを歌います。追いかけて歌に入ることに慣れると，複数のパートを重ねて歌う合唱の力が高まります。

【例１：２拍ずつ】

先行	あんた	がた	どこ	さ	ひご	さ
後行	・	・	あんた	がた	どこ	さ

【例２：１拍ずつ】

先行	あんた	がた	どこ	さ	ひご	さ
後行	・	あんた	がた	どこ	さ	ひご

（房野　雄輝）

11 わらべうた「おちゃらかほい」
―人数，相手，拍を変化させて遊ぶ―

聴き取り感じ取る要素 拍，反復
学年／領域 低学年／音楽あそび，常時活動
作詞／作曲 わらべうた

1 作品や題材などの特徴

「おちゃらかほい」は，友達と手合わせをしたり，じゃんけんをしたりするわらべうたです。ここでは様々な遊び方の工夫を紹介します。

```
せっせっせの
よい よい よい
おちゃらか
おちゃらか
おちゃらか ほい
おちゃらか
かったよ（まけたよ）
おちゃらか ほい
あいこで
おちゃらか ほい
```

2 リトミックを生かすアイデア

① 人数を変えて遊ぼう

「おちゃらかほい」は，2人組だけではなく人数を変えて遊ぶことができます。教師が「3人」や「5人」などと声で指定してもよいですし，手拍子を打ってその数の人数で集まるという方法もあります。2人より多い人数で遊ぶ場合は，友達との手合わせを「右手で」もしくは「左手で」と指定するとスムーズに遊ぶことができます。

1人で遊ぶ場合は，手合わせもじゃんけんも自分だけで即興的に行います。じゃんけんは右手と左手で行い，「かったよ」「まけたよ」の動作は片手ずつ個々に行います。

② 透明人間やいろいろなイメージの相手と遊ぼう

　透明人間と遊ぶ場合は，相手がいると想像しながら１人で遊ぶ時のように即興的に「かち」「まけ」「あいこ」を選択します。動きは２人組の時と同じです。教師が相手を指定して遊ぶのも楽しいです。例えば，「大きな恐竜」と「小さなアリ」では，相手に合わせて即興的に動き方を変える必要があります。慣れてきたら，児童が自由に相手を想像しながら遊ぶようにすると，より楽しい活動になります。

③ 「おやすみおちゃらか」で遊ぼう

　「ほい」の前に休符を入れると，その部分が変拍子の音楽になるため，また違った楽しみ方をすることができます。少しレベルアップした活動になるため，元の歌のように「ほい」の後に４分休符を入れると，分からなくなってしまった場合もスムーズに遊びに戻れます。

例１：１拍休む

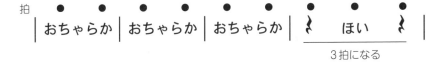

例２：３拍休む

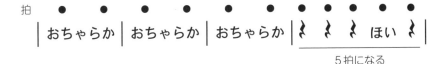

（房野　雄輝）

12 指揮者体験
―音楽と身振り―

聴き取り感じ取る要素　速度，強弱，音色
学年／領域　全学年／指揮

1 作品や題材などの特徴

　オーケストラ，吹奏楽，合唱の演奏の時に，中央に立って腕や手を動かしている人がいます。それが指揮者です。楽器も持たず，声も出しませんが，体の動き，身振りで音楽を奏でる魔術師です。指揮者がいない集団音楽もありますが，その場合はリズムパート等が指揮者役で，合図を出します。
　お互いに聴き合うことで成り立つのですが，大人数編成の場合は身振りでリードする指揮者が必要になります。音楽のはじまり，速さ，終わりはもちろん，音楽の表情，表現，変化をリードするのも指揮者の役目です。人々を乗せて音楽の旅に出発するバスや電車の運転手のようなイメージです。

2 リトミックを生かすアイデア

① 指揮者の真似をしよう

　エミール・ジャック＝ダルクローズ（1865-1950）は幼少の頃ウイーンに住み，ヨハン・シュトラウス2世（1825-1899）が指揮するオーケストラの日曜コンサートをいつも家族と聴きにいっていました。6歳のエミールは立ち上がってシュトラウスの後ろで指揮の真似をしていたそうです。
　指揮者には大きな身振りをしている人もいれば，少しの身振りや顔の向き，目の表情で指揮をしている人もいます。
　児童に，オーケストラの指揮者の姿を見せた後，「かっこいい音楽のマエストロ，指揮者になろう！」と呼びかけて，速さや強弱の変化のあるオーケストラの曲を聴かせます。自分の目の前にオーケストラがあるとイメージし，

音楽の喜怒哀楽を自由な身振りで表現してみましょう。

② **指揮者になって身振りや手振りや表情で，音や声を引き出そう**

　指揮者は自分自身では音を出さないのですが，「音をつくる魔術師」です。握っていた手を開くと，手の中から音が空中に放たれていくイメージです。レーザー光線のような瞬発的な直線の音，湯気のようにふんわりと空中に立ちのぼっていく音，シャボン玉のように軽く飛んでいく音等々，イメージをもって音をつくりだしていきましょう。

　音チーム（２人～クラス全員）をつくります。指揮者の児童は音チームが自分の姿をしっかりと見ているかを確認しましょう。音チームは器楽アンサンブルであればそれぞれの楽器，合唱であれば声で音を出します。

・**はじまりの一音を引き出そう**

　掛け声であれば「よ～いドン！」「せ～の～ハイ！」「さんはいポン！」ですが，指揮者はそれを身振りと呼吸で音チームに伝えましょう。

・**強弱の変化を引き出そう**

　フォルテ，ピアノ，クレッシェンド，デクレッシェンドなどの強弱の変化をつけると音楽表現が生き生きとしてきます。指揮者は身振りや表情で音チームの音の強弱の変化を引き出してみましょう。

・**速さの変化を引き出そう**

　アンダンテ，アレグロ，プレスト，アッチェレランド，リタルダンドなど速さの変化も音楽表現が生き生きとしてきます。指揮者は身振りでみんなの速さを一緒に変化させましょう。時々休止する（フェルマータ）も入れてみましょう。

　みんなが交代で指揮者役になりましょう。自分の身振りが音になる面白さ，心地よさ，楽しさを経験させてあげてください。

（井上　恵理）

Chapter2　リトミックでつくる音楽授業アイデア73　　043

13 打点のある基本の動き

聴き取り感じ取る要素 拍（拍子），強弱，速度
学年／領域 中学年・高学年／指揮

1 作品や題材などの特徴

　野球やサッカー，バスケットボールをするとき，腕や足を振り上げてからボールを打ちます。指揮を振るときも，音を出すタイミングや拍子，拍が分かるように，一度振り上げてポン！ と打つという動作があります。振り上げる→打つ→はずむという動きの流れを体全体で体験し，指揮へと結び付けていきましょう。

2 リトミックを生かすアイデア

① 打つ動きを体験しよう

　はじめに，日常生活の中で物を打つ動作を探して，実際にみんなで想像しながらやってみましょう。その際，周りの人とぶつからないように，間隔を空けたり，声がけをしたりして十分に配慮をしながら行ってください。
〈動作の例〉
　　野球バットを握ってボールを打つ
　　サッカーボールを蹴る
　　コップとコップを合わせて乾杯をする
　　太鼓など打楽器をスティックで打つ

　床とボール，コップとコップなど物と物が当たるとき，一瞬，腕や足が振り上げられる瞬間があります。今度は少人数でグループになり，1人が振り上げる動作をしたら，全員で物が当たる瞬間に声を出して動きましょう。

QR1
動画

（声の種類：かんぱーい，トン，ポン，シュッなど）

② 打点と音を合わせよう

　ボールを両手で持ち，膝をしっかり使いながら床にボールをつきます。ボールを使うことが難しい場合は，ボールを手に持っているイメージで行っても構いません。

　次にグループになって，リーダーがボールを床についた瞬間に合わせて，他の児童は打楽器を鳴らします。ボールがない場合は，リーダーが手を下に振り払ったときに打楽器を鳴らしてください。ボールをつく強さや速さを変えて行うと，打楽器の音の変化も楽しむことができます。

③ 空中にオリジナル星座を作ろう（QR1）

　空中を夜空に例えて，空中のあちこちに星座を描くように手を使って点を打ちましょう。星座の形は，三角形，四角形など自由にイメージしてください。星座を表現する際は，一本指でなく，指揮をするように手の全体を使って動かすようにします。ここでは，手の動きが先ほどのボールを使った大きな動きとは異なり，手を弾ませるだけの小さな動きに変化しています。手の動きは，なだらかな線を描くように動かすのではなく，ポンポンとはずみながら点を打つイメージで動かすように児童へ声がけをしてください。

　手の動きに慣れてきたら，クラス全員で1つの星座の形を同じ速さで行い，動きの途中で，教師が新しい星座の形を指示します。児童は，瞬時に形を変えて手を動かします。その際，点の大きさや速さも変化させながら，動きに表情をつけて行うと，より音楽的な表現につながります。

　最後に，これまでの活動で身につけた打点を意識して，2拍子，3拍子，4拍子の指揮をしてみましょう。

　（QRコードを読み取り，動画を参照してください）

（佐川　静香）

14 拍子に合わせた指揮

聴き取り感じ取る要素　拍（拍子），強弱，リズム
学年／領域　中学年・高学年／指揮

1 作品や題材などの特徴

　合唱や合奏の指揮をする際に大切なことは，手を振り上げて準備をしてから，1拍目の打点に向かうことです。1拍目をしっかり意識して，単に手を動かすだけの指揮にならないよう，豊かな指揮の表現を身につけましょう。

2 リトミックを生かすアイデア

① 拍子に合わせて指揮をしよう

　児童は，教師が打つウッドブロックの一定の速さに合わせて，4拍子の1拍目だけを指揮します。その際，4拍目（1拍目の前の拍）で手を振り上げて準備をし，1拍目で打点を感じて手が跳ね返るような動きを意識しましょう。また，手を振り上げた際に「ヒュー」，手が跳ね返る際に「ポンッ」というような声を使って表現することで，準備と打点の違いをより感じ取ることができます。他の拍子でも，同様に1拍目だけの指揮をします。できるようになったら，1拍目以外の拍も補足して，指揮をしてみましょう。

指揮の図形の例

②　いろいろな拍子に変えてみよう

　はじめに，教師が１つの拍子を提示し，児童は言われた拍子で指揮をします。全員で指揮の速さをそろえるために，教師が打楽器を叩きながらでも構いません。

　手の動きに慣れてきたら，教師は途中で別の拍子を言い，児童は教師が言った拍子に変えて指揮をします。教師が新しい拍子を言う際は，「〇拍子！」ではなく，数字だけを発言すると，より指示が明確になり，児童に伝わりやすくなります。また，数字だけでなく，速さや強弱も変化させて，少しずつ難易度を上げていきましょう。児童が拍子の１拍目から瞬時に切り替えられるように，教師が数字を発言するタイミングは以下を参考にしてください。

〈拍子を変える声がけのタイミング例〉

　　２拍子から他の拍子に変える時→２拍目で別の拍子を言う

　　３拍子から他の拍子に変える時→３拍目で別の拍子を言う

　　４拍子から他の拍子に変える時→４拍目で別の拍子を言う

③　リズムや音楽と一緒に指揮をしてみよう

　はじめに，グループになって指揮者を１人決めます。指揮者以外の児童は，グループで話し合いながら，４分の４拍子で２小節のリズムをつくってください。リズムをつくることが難しい場合は，学習した歌の中から１部分を使用しても構いません。リズムが決まったら，児童はリズムを手で叩いたり足踏みをしたりして表現してみましょう。指揮者の児童は，リズムに合わせて４拍子の指揮をします。少しずつ，指揮の強弱や速さを変化させ，リズムを担当している児童も，指揮の強弱や速さに従って表現してください。

　また，教科書で使用した曲や校歌を使って，リーダーによる指揮の強弱や速さに合わせて，歌で表現することも可能です。各グループで発表し，指揮の表現に合ったリズムや歌声になっているか，みんなで観察してみてください。

（佐川　静香）

15 音楽と言葉
―詩のリズムや抑揚を感じる―

聴き取り感じ取る要素　リズム，旋律，フレーズ，強弱，速度
学年／領域　全学年／国語

1　作品や題材などの特徴

　言葉と音楽には共通点が多くあります。何かを誰かに伝えたい時，それは言葉になり，またある時は音楽になります。言葉に強いメッセージや気持ちが伴った時に抑揚が生まれ，それが歌になります。赤ちゃんの発する喃語は音楽のようです。

　音楽科と国語科を横断的に取り扱うことによって，深い学びと創造的な活動ができます。

2　リトミックを生かすアイデア

①　ジェスチャーを伴って音読しよう

　国語では児童が「音読」をする場面がありますが，その時に単なる棒読みではなく，自分の想いや考えを伝える身振り手振りを伴った音読をしましょう。クラスで行うときは，例えば，速さを揃えるという目的で，段落の最初の1文は声を揃えて全員で読み，次は1文ずつ，順番に回していきます。ジェスチャーを全部つけることが難しければ，強調したい言葉のところだけ机を手で叩くなどの動きをしてもよいです。気持ちによって強さや速さが変化する言葉と音楽の特徴が，体を通して分かります。

②　動いて朗読しよう・朗読に音楽をつけよう

　「音読」がさらに進むと「朗読」になります。歩きながらの身振りを伴った朗読をすれば演劇，朗読に音楽をつければ音楽劇につながります。

③ 自分の名前の抑揚を線で描こう〜メロディの萌芽〜

　２文字の関係では大きく捉えると３種類の抑揚の動きがあります。言葉を唱えながら，線の形を空中に大きく描いてみましょう。上行するか，下降するか，同じか，意識をして声と腕や体の動きを一体化させましょう。抑揚だけで，言葉をあてるクイズもできます。例えば，春（はる）と夏（なつ）を声の抑揚だけで聴き分けます。２文字ができたら，３文字，４文字に文字数を増やしましょう。自分の名前の抑揚を書いて，線を空中に描きながら自己紹介をしましょう。口を閉じて発音すると音の高低を捉えやすくなります。抑揚がメロディ，歌になります。

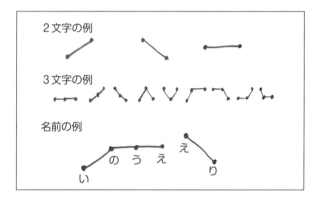

④ 日本語のリズムと抑揚と音楽

　「あんたがたどこさ」は日本語の言葉の面白さが歌あそびになったものです。いろいろな楽しい活動ができます。38ページからのNo.10の活動とともに，動画を参照してください（QR1）。

〈動画で見ることができる活動〉
・はねる言葉のリズムをスキップで体験する
・「さ」の言葉のアクセントを，体の動きで体験する
・言葉のまとまり（フレーズ）ごとに，１人ずつ動く
・歌いながら大きな紙にハンドペインティングをする

（井上　恵理）

16 英語のもつ形と音を楽しむ

聴き取り感じ取る要素　強弱
学年／領域　全学年／外国語（英語）

1 作品や題材などの特徴

アルファベットの形を体で表現しながら文字の構成を理解したり，英語の強い音と弱い音を聴いて反応することで自然な発音を身につけたりと，全身で外国語を体験する活動を紹介します。

2 リトミックを生かすアイデア

① アルファベットの形で身体表現しよう（低学年，中学年向け）

事前に，アルファベットが1文字ずつ書いてあるカード（A4程度）を用意しておきます。はじめに，英語のアルファベットを発音し，アルファベットの音を認識するために，ABCの歌を歌いましょう。次に教師がアルファベットカードを1枚だけ児童全員に見せ，児童はそのアルファベットの形を手の指や体全体で作ってみましょう。アルファベットを提示する際，同時に英語で数字も発音して，言われた数字の人数でアルファベットを作って行うことも可能です。大文字だけでなく小文字でも挑戦してみてください。

アルファベットの形で身体表現イメージ例

② 英語のアクセントを探してみよう（中学年，高学年向け）

　教師は，単語の強く発音するところで手を叩きながら発音し，児童にお手本を見せます。児童は教師の後に続いて，同じように真似をしてください。

　どの単語でも，必ず英語の強い音と弱い音に意識をしましょう。次に，教師は手を叩かずに単語を発音し，児童は単語を聴いて強い音と弱い音を探し，単語の強い音で手を叩きながら発音します。特に，thirteen（数字の13）とthirty（数字の30）など発音が似ている単語は，強い音の場所が異なるので，児童が聞き取りやすいように，教師はしっかり発音してください。

③ 英語で気持ちを伝えよう

　事前に，気持ちを表す単語を書いたイラストカードを用意してください。
〈気持ちを表す単語の例〉
　　Happy（うれしい）／Sad（悲しい）
　　Hungry（お腹が空く）／Angry（怒る）
　　Great（最高）／Sleepy（眠い）

　イラストカードを1枚ずつ見せて，単語を言いながら体や顔で表現してください。言葉に慣れてきたら，CDなどで音楽をかけて教室内を自由に歩き，教師が音楽を途中で止めて，イラストカードを1枚選んで児童に提示します。児童は立ち止まって，イラストカードの気持ちを体や声で表現してください。次に，教師が3つの気持ちをリズムよく発音し，児童は Go! の合図で教師の後に続いて繰り返し発音します。その際，体の動きや顔の表情も同時に取り入れましょう。イラストカードを見せずに行うことで，単語の記憶にもつながるので挑戦してみてください。
〈例〉
　　教師 Happy! Happy! Sad! Go! → 児童 Happy! Happy! Sad!（身振り付き）

（佐川　静香）

17 音楽に合わせて体でアート作品づくり

聴き取り感じ取る要素 リズム，拍
学年／領域 全学年／音楽づくり，図画工作

1 作品や題材などの特徴

　リトミックの創始者ダルクローズは，「身体は第一の楽器である」と言いました。私たちは何か演奏をする際に，必ず体の動きが伴います。歌う時，リコーダーを吹く時，太鼓を叩く時などです。この題材では，友達と共に活動する中で，体の動きや機能に興味をもちながら音やリズムに合わせて感覚的に動くことを目的とします。使い方や見せ方を工夫し，空間バランスを考えたりして，体という素材・楽器を使って教室の中に素晴らしいアート作品を創りましょう。下記の各活動は，独立して扱うことが可能です。常時活動の一環として継続的に行ってみるのもよい活動です。

2 リトミックを生かすアイデア

① 模刻あそび

　まずはポーズのまねっこから始めます。教師もしくは代表の児童が示した様々なポーズを瞬時にまねっこしましょう。次に，同じ内容をビートに合わせて行いましょう。拍子や速度を変化させながら行うと，さらにスリリングになります。活動は，ペアやグループで行うこともできます。「まねするのが難しそうなポーズをどんどん考えよう！」と促し楽しく活動しましょう。

② 音に合わせて"粘土作品"を作ろう（QR1）

　ペアを作ります。各ペアで，粘土役（アーティストに動かされる人）とアーティスト役（音に応じて動かす人）に分かれます。教師が任意のタイミン

グでペダルを踏みながらピアノの音を鳴らします。アーティスト役は，教師が鳴らしたピアノの音が聴こえている間だけ粘土役の体を触って動かし，好きな形に練り上げていきます。音が鳴っていない間は，「次はどんな風に動かそうかな？」と粘土を観察したり，次のアイディアを膨らませる時間にしましょう。粘土役の人は，自分の意思では動けません。目を閉じ，アーティストのアイデアに身を委ねて，動かされましょう。さぁ，どんな作品ができるでしょうか。作品が出来上がったらアーティスト同士で鑑賞し合ったり，それぞれの作品にタイトルを付けたりして楽しみましょう。

- 指示音はトライアングルやペダルのある鉄琴などでも演奏できます。
- 音をよく聴けるように，活動中は喋らないようにしましょう。

③ 群像づくり（QR2）

4人くらいのグループになり，1～4の順番を決めます。1番の人から順番に1人ずつ行います。まず1番の人は，下の「あるいてポーズ」のリズムに合わせて好きな場所へ向かって歩いていきます。「ズ」のタイミングで素敵に銅像の様なポーズを作って固まります。2番目以降の人は，1番の人がポーズをしている場所に向かってリズムに合わせて歩き，同じように「ズ」の所でポーズをとります。4番目の人が辿り着くまで，1～3番の人はポーズをとって静止しましょう。4体の素敵な像が織りなす造形はどんなものになるでしょうか……速度なども変えながら行ってみましょう。

（佐藤　温子）

18 単旋律の歌のポイント

聴き取り感じ取る要素 旋律，音色
学年／領域 全学年／歌唱
作詞／作曲 「裏声綱引き」岸田　衛

1 作品や題材などの特徴

　単旋律の楽曲は，「君が代」や低学年で取り扱う歌唱教材に多く使用されています。中学年以降は単旋律の学習から2つあるいは3つの声部を重ねる活動へと発展しています。様々な声の音色があること，それを斉唱して友達と声を合わせることに焦点を充てた内容を紹介します。

2 リトミックを生かすアイデア

① いろいろな声を出してみよう

　「こんにちは」の言葉を使って自分でも知らなかった声を出す活動です。

　教師がいろいろな声を発してそれを聴いて模倣していきます。まずは，ご挨拶を4拍子の流れに合わせて発していきましょう。そして，いろいろな声をまねさせてみてください。歌唱は，全て同じ歌声で歌うと単調になりますのでここでいろいろな声の出逢いを大切にして，いろいろな楽曲に応じた発声につなげましょう。

　いろいろな「こんにちは」の活動を紹介します。教師「元気100％で！」→児童「(元気よく) こんにちは！」のようにやりとりします。

　・元気100パーセントで「こんにちは！」
　・ド　レ　ミ　ファ　ソ（明るい気持ち）で「こんにちは」
　・ド　レ　ミ♭　ファ　ソ（悲しい気持ち）で「こんにちは」
　・子音だけを使って「こんにちは」（最後の「は」Hの発音にしましょう）
　・高い声や低い声で「こんにちは」

QR1
動画

② 地声と頭声（QR1）

　最近では，体の発達も早く，児童の変声期に悩んだり，地声は元気だけれど裏声が出にくいなどで悩んでいる先生がいらっしゃると思います。地声と裏声は人それぞれで変わるポイントがあります。そこを重視した活動を通して全員が地声と裏声を揃えられる内容を紹介します。

1）じゃんけんをして話す人と聞く人を決めましょう。普段のおしゃべりを始めてください。先生がトライアングルなど目立つ音を出した瞬間に話したことに対して裏声でリアクションを取ってみましょう（例：そうなんだ〜！，すごいね〜！　やば〜い！　きゃーーー！）。

2）楽曲を用いて歌う際に，裏声の部分で背伸びし手を挙げて体を後ろに反らしてみましょう。いつも歌っている雰囲気とは違う感覚を感じることが大切です。フレーズによってすぐに体を元に戻す必要もあるので音楽の流れを感じているのかを確認することもできます。

3）下の楽譜を「ラ」や「ア」などを使って歌ってみましょう。次に，友達と手をつないで歌いましょう。今度は，○印でお互いの手を引っ張りながら裏声を出してみましょう。裏声は筋肉を駆使して歌う唱法です。しっかりと足を踏ん張り，ひっぱり合いましょう。視覚的に感覚的に裏声への筋肉の緊張を感じられます。

「裏声綱引き」（作曲：岸田　衛）

（岸田　衛）

Chapter2　リトミックでつくる音楽授業アイデア73　055

19 合唱のポイント
―揃えることを大切にして歌う―

聴き取り感じ取る要素 旋律, 音色
学年／領域 全学年／歌唱
作詞／作曲 「沖縄カノン」岸田　衛

1 作品や題材などの特徴

　合唱には様々なスキルが必要になりますがここでは「揃える」ことを意識した活動を紹介します。心を揃えること, 声を揃えること, 体の使い方を揃えるなどにより, 合唱のよさが教師にも児童たちにも感覚的に感じられます。

2 リトミックを生かすアイデア

① **母音**

　母音は全ての日本語に必ずついてくるものです。顔がみんな違っているように, 口も体も違うので母音の歌い方にも多少ズレが生じます。下の〈母音ポージング〉の図のようにそれぞれの母音にあった動きを伴いながら「あえいおあえいおう〜」と歌うことや, 出だしや伸ばしている部分を揃えるときに母音唱を用いてみると言葉のもつ特徴を感覚的に捉え, 歌声の方向性を揃えることができます。輪になって行うとより声を揃えることできます。

② 声の重なり方と体の動き

　合唱は，違う音高による声の重なりに喜びを感じられます。同時に声を重ねることは容易なことではありません。まねっこを応用させながらここでは，沖縄音階でつくった楽曲「沖縄カノン」を用いて声の重なりを体験しましょう。体の動きを加えることで，耳だけではなく目や触覚でも旋律の特徴を感じられます。

「沖縄カノン」（作曲：岸田　衛）

1）旋律をラララ唱法で歌い，覚えましょう。
2）次に，2小節ごとに上半身を使った動きを決めましょう。
　　なるべく，リズムや音の高さを意識した動きであるとよいです。
3）2〜3グループに分け，輪になり，動きながら2小節ごとにずれて追いかけながら歌いましょう。
4）終わりの目処として，旋律を全て歌い終わったら止まるとしましょう。
　　初めに「それぞれ2回歌ってください」などと提示することが大切です。
5）動きながらの歌唱ができたら，リズムをステップして行いましょう。

　活動に慣れてきたら2小節の終わりに「アイヤ」「サッサ」など合いの手を先生が入れるとより雰囲気もよくなります。
　音の重なりや追いかけっこなどの声が重なる様々な面白さを感じることができます。

（岸田　衛）

20 「うみ」
―拍の流れと歌詞を関わらせて歌う―

聴き取り感じ取る要素 旋律,拍（拍子）
学年／領域 第1学年／歌唱（歌唱共通教材）
作詞／作曲 文部省唱歌／井上　武士作曲／林　柳波作詞

1 作品や題材などの特徴

「うみ」が初めて掲載されたのは1941年のことでした。当時は戦争中で，軍部から海軍日本を象徴し，子どもの時から海に憧れを抱くような歌をつくるように言われたという説があります。3拍子，ト長調の「うみ」は，4小節ごとのフレーズが2回続いていて雄大な海原を想像できる歌詞が綴られています。

2 リトミックを生かすアイデア～拍子の特徴に合わせて～

「うみ」を歌詞で歌えるようになってから，「平泳ぎ」の手のまねをして歌い，拍の流れで感じてみましょう。3拍分で水をひとかきすることに注意して行いましょう。

3拍子は，強拍の後に弱拍が連続します。強拍の部分で，両手を胸から前にまっすぐ伸ばす強さのある動作，その後の弱拍でゆったり水をかく動きを行うと「平泳ぎ」を通して拍子の特徴を体感することができます。

動きで注意したいのがクロールやバタフライをしないことです。動作的に，2拍子の動きになってしまいます。平泳ぎの水をのびやかにかく様子を大切にして3拍子の流れを感じて歌いましょう。

「3拍子の強拍と弱拍の流れ」

（岸田　衛）

21 「かたつむり」
―リズムを感じて歌う―

聴き取り感じ取る要素 旋律，拍，リズム
学年／領域 第1学年／歌唱（歌唱共通教材）
作詞／作曲 文部省唱歌

1 作品や題材などの特徴

「でんでんむしむし」の歌詞には，狂言「蝸牛(かぎゅう)」の主人公，太郎冠者が「でんでんむしむし」と囃す「出よ，出よ，虫」という意味があるそうです。歌詞の中にも角や頭や目を出せと殻に籠るかたつむりに呼びかけています。2拍子，ハ長調で付点のリズムから成る軽快なメロディが特徴です。梅雨のジメジメに対して明るく，ハツラツとした様子が伝わってくる楽曲です。

2 リトミックを生かすアイデア～感じ取るリズム・付点のリズム～

「かたつむり」の楽譜上では，付点音符リズムが8割を超えているので，付点リズムの学習を進めるよい機会です。まずは，膝打ちで付点のリズムを打ってみましょう。ここでは，なるべく打ち始めで手の高さが出るようにアドバイスしてください。リズムに慣れたら，「チェンジ」の言葉がけをして「たん」（4分音符）を手拍子に変えて表現してみましょう。拍の流れを感じたり付点のリズムを生かして歌ったりする力が高まるので，この活動後に「かたつむり」を歌う学習をしましょう。

【発展：歌に合わせて足じゃんけん】

「かたつむり」の付点リズムに慣れたら，広い場所でスキップをして動いてみましょう。「つのだせ」で足をパーにして，「やりだせ」で足をぐーにして「あたまだせ」のメロディで「じゃんけんぽん！」をしましょう。勝った人は前に，負けた人は後ろにつながり，どんどんつながっていきましょう。ここでの拍の流れやリズムを総合的に感じることができます。　　（岸田　衛）

QR1 音源

QR2 音源

22 「ひのまる」
―音の高さを感じて歌う―

聴き取り感じ取る要素	音階，旋律
学年／領域	第１学年／歌唱（歌唱共通教材）
作詞／作曲	文部省唱歌／高野　辰之作詞／岡野　貞一作曲

1　作品や題材などの特徴

「ひのまる」は，1911年（明治44年）に発行された『尋常小学唱歌』第一学年用に掲載されたものです。戦前では，朝日の昇る勢いと書かれたものが戦後に内容が改められ，日本の旗が青空にかかって美しい様を表しています。教科書では，２拍子，ハ長調で鍵盤ハーモニカでも扱える階名付きで掲載されています。

2　リトミックを生かすアイデア〜数字唱と高さを意識して〜

「ひのまる」を歌詞とドレミで歌えるようになってから，下記の表を掲示して数字で歌ってみましょう。ハ長調(QR1)の他にニ長調（Ddur）や変ロ長調（B♭dur）で歌ってみましょう。階名がついている楽譜では日頃からいろいろな調で歌詞とドレミで歌うことで移動ド唱法が身に付きます。いろいろな調性に表情を入れた伴奏(QR2)を用意しましたのでぜひ，表現豊かに楽しく歌ってみてください。慣れてきたら，音階の高さに合わせて両手による動きで「ド：膝」「レ：お腹」「ミ：肩」「ファ：頬」「ソ：頭」「ラ：手をあげる」「シ：手をあげてつま先立ち」で音の高さを感じて歌うこともできます。

1	2	3	4	5	6	7
ド	レ	ミ	ファ	ソ	ラ	シ

（岸田　衛）

23 「ひらいたひらいた」
―歌詞の意味に合わせて動きながら歌う―

聴き取り感じ取る要素　拍，リズム，フレーズ
学年／領域　第1学年／歌唱（歌唱共通教材）
作詞／作曲　わらべうた

 作品や題材などの特徴

　「ひらいたひらいた」は，蓮華の花が開いたりすぼんだりする様子を表した楽曲です。1～6小節目までは同じリズムパターンが続き，7～12小節目ではスラーや音の長さが加わり，ゆったりと感じられます。2拍子，民謡音階の歌です。

② リトミックを生かすアイデア

　色とりどりのスズランテープを使って歌詞の意味を感じる活動を紹介します。

1）2人組で長めの1本のテープを片手で持ち合い，円をかきながら歌ってみましょう。
2）テープを持ちながら「つぼんだ」の時にはお互いが近づき，「ひらいた」の時には広がりながら紐を斜めや下の方向に引っ張ってみましょう。
3）次に，先ほどの2人組が対になり輪になるように全員で集まります。①②の活動を取り入れて歌ってみましょう。そこにしか咲かない蓮華の花が咲くことでしょう。

　ここでは全体的にテンポを落として歌詞に合わせて身体表現することが大切です。歌詞の意味を考えて歌うことの喜びを感じることができます。

(岸田　衛)

24 「かくれんぼ」
―呼びかけとこたえを感じて歌う―

聴き取り感じ取る要素	旋律，呼びかけとこたえ
学年／領域	第2学年／歌唱（歌唱共通教材）
作詞／作曲	文部省唱歌／林　柳波作詞／下総　皖一作曲

1 作品や題材などの特徴

「かくれんぼ」は，1曲を通して，役割を決めて遊ぶことができる歌で，民謡音階の旋律です。9小節目からは呼びかけとこたえの仕組みがあり，旋律が模倣されているのも印象的です。

2 リトミックを生かすアイデア

「かくれんぼ」を歌詞で歌えるようになってから，「もういいかい」のリズムにこたえるために，取り組みやすい2小節分のリズムをつくり（例：♫ ♫ ｜ ♩ ♪ など），子どもたちに提示します。教師の「もういいかい」の後に，リズム模倣させてみましょう。全員のリズムが揃えばおしまいになります。動作を隠して行うとより聴く力を伸ばすことができます。

【発展】「歌ってかくれんぼ」
1）かくれんぼを歌って歩いてみましょう。スキップなどして動いても構いません。音楽を自由に止めてストップすることもしてみましょう。
2）「もういいかい」の部分になったら実際にかくれんぼをしましょう。
3）全員が隠れるまでは「まあだだよ」準備ができたら「もういいよ」は小さな手拍子や足踏みで教師に伝えてみましょう。
4）後は教師が児童たちを見つけましょう！

「歌ってかくれんぼ」は，学級会などのお楽しみ会でも使える活動ですのでぜひ，校庭など広い場所で実施してみてください。

（岸田　衛）

25 「はるがきた」
― 旋律と歌詞から春を感じて歌う ―

聴き取り感じ取る要素	旋律，反復，音色，音階
学年／領域	第2学年／歌唱（歌唱共通教材）
作詞／作曲	文部省唱歌／高野　辰之作詞／岡野　貞一作曲

1　作品や題材などの特徴

「はるがきた」は，春を想像させる鳥や花の歌詞です。桜や雲雀を指しているのでしょうか。歌う時に想像が膨らむ1曲です。4拍子，ハ長調でつくられ，山に，里に，野に春が来た喜びを，繰り返すリズムをもつ旋律と繰り返す歌詞などから感じ取ることができます。

2　リトミックを生かすアイデア

「はるがきた」を歌詞で歌えるようになってから，旋律と歌詞が密接に関わるところに注目して次の活動をしてみましょう。

1）「音が高くなるにつれて手をつなぎ，手の位置をだんだん上にするチーム」と「山から里へ，里から野へ手の位置をだんだん下にするチーム」の2チームに別れて歌ってみましょう。
2）2つのチームがそれぞれ輪になって旋律と歌詞の特徴を表現しながら歌いましょう。

「山から里へ，里から野へ手の位置をだんだん下にするチーム」は，歌詞の意味に合わせて，「きた」「さく」「なく」の歌詞の意味に合わせてジェスチャーを考えて表現しましょう。歌詞の意味と音の高さを周りの動きで同時に感じることができます。

続きの活動として，役割を交代して活動することで，さらに活動の幅を増やすこともできます。

（岸田　衛）

QR1動画

QR2動画

QR3動画

26 「虫のこえ」
―擬声語を楽しみながら動きをつけて歌う―

聴き取り感じ取る要素	音色，リズム，旋律
学年／領域	第2学年／歌唱（歌唱共通教材）
作詞／作曲	文部省唱歌

1 作品や題材などの特徴

　虫の鳴き声をノイズではなく，詩的，音楽的に捉える日本人の感性がこの歌に表れています。自然の音や様子を表す擬声語が豊かにあるのも日本語の特徴です。この歌には5種類の虫の鳴き声が歌われています。

2 リトミックを生かすアイデア（QR1，2，3）

① ジェスチャーをつけて歌おう

　虫の声は手や指で動きをつけて，「ああ　おもしろい」の部分は両腕を広げながら歌うと，気持ちよく声が出ます。

擬態語につける手や指の動きの例

② ジェスチャーを見て声をだそう

　リーダーが5種類の手の動きを即興的に表し，他の人がそれを見て声を出しましょう。速さや強さを変化させてもいいですし，休止も大切です。

※本稿は，井上恵理・酒井美恵子編著『動いてノッて子どもも熱中！リトミックでつくる楽しい音楽授業』（明治図書出版，2012）をもとに構成しました。　　　　　（井上　恵理）

27 「夕やけこやけ」
―フレーズを感じて動きながら歌う―

聴き取り感じ取る要素	旋律，フレーズ，音階
学年／領域	第2学年／歌唱（歌唱共通教材）
作詞／作曲	中村　雨紅作詞／草川　信作曲

QR1動画

1　作品や題材などの特徴

「夕やけこやけ」は，1番の歌詞に子どもたちが感じた様子，2番の歌詞では子どもが寝静まって大人が感じた様子を表しているように感じられます。もしくは，子どもの夢の中の話なのかもしれません。2拍子，ヨナ抜き長音階の曲で，4小節ごとのフレーズでつくられています。

2　リトミックを生かすアイデア

「夕やけこやけ」を覚えて歌えるようになったら，椅子も机もない広い空間で歌詞からフレーズを感じる次の活動に取り組んでみましょう。(QR1)
1) まずは，冒頭から4小節ごとに前半・中間・後半・TUTTI（全員）の4つに分けてそれぞれの担当で歌い，フレーズのまとまりを感じましょう。
2) 次に前半の人は，歌いながら「日が暮れる」をテーマに膝を使って体を縮め，最後に手を上にして止まりましょう。
3) 次に中間の人は，歌いながら「鐘が鳴る」をテーマに前半の人たちの手の平に向かって鐘を打つ動きを用いて最後にはどちらかの手でつなぎ，片方の掌を上にして残しておきましょう。
4) 次に後半の人は，歌いながら歌詞の通りに中間の人のつながれていない片手を握ります。
5) 最後に全員で両手を翼のようにゆっくりと動かし，2分音符を感じてゆっくりと歩き，最後には消えてなくなっていくように上へ手をあげていきましょう。

（岸田　衛）

QR1 動画

QR2 音源

QR3 音源

28 「うさぎ」—味わいのよさを感じながら歩いたり動いたりして歌う—

聴き取り感じ取る要素	速度，強弱，フレーズ
学年／領域	第3学年／歌唱（歌唱共通教材）
作詞／作曲	日本古謡

1 作品や題材などの特徴

日本の音階ならではの響きが魅力的な曲です。歌詞や旋律のまとまりを感じながら，速度や強弱などの表現の工夫へとつなげていきましょう。

2 リトミックを生かすアイデア

① **様々な速度や曲想を捉えて歩こう**（QR1，2，3）

下記の3つの音楽に合わせて歩きます。速度や曲想に即した体の使い方で歩いて（動いて）みましょう。

A）ゆったり落ち着いた速度

B）軽快な速度

C）中庸な速度からだんだんゆっくりしていく

動く体験をして感じたこと，分かったことを生かし，歌詞の内容と関わらせながら，3つの音楽それぞれに対するイメージを言語化していきましょう。
例：A（ぼんやり月を眺めている）B（自分がうさぎになって軽やかに跳ねているようなイメージ）C（月に雲がかかっていって見えなくなっていく）等

② **動いた体験をもとに，意図をもって表そう**

ペアもしくはグループになります。①で動いて体験したことと，歌詞の表す情景や旋律の特徴，音楽の構造とを関わらせながら，自分たちの思いをもって任意の速度で歩いたり動いたりして，よさを味わいながら歌いましょう。

（佐藤　温子）

「茶つみ」
―休符で動いたり止まったりして歌う―

聴き取り感じ取る要素	リズム，拍
学年／領域	第3学年／歌唱（歌唱共通教材）
作詞／作曲	文部省唱歌

1 作品や題材などの特徴

　この曲はフレーズの最初と最後に休符があります。休符を意図的に動く活動を通して，休符を意識し，単なる「お休み」ではなく「音のない音楽」という意識をもてるようにします。

2 リトミックを生かすアイデア

　最初に，歌いながら四分休符［うん］の部分を手拍子やジャンプ，好きなオノマトペを唱えながらジェスチャー等で表します。慣れてきたら，歌いながら拍に合わせて教室を歩きます。［うん］で歩くのをやめ，近くの友達と手合わせをしましょう。次のフレーズで再び歩き始め，同じように繰り返します。友達をタイミングよく探せなかったら，空気（透明人間）と手合わせしてもいいことを伝えます。

　次に，手合わせをしていた休符の箇所を音が鳴らないカウント方法へと変えます。事前に休符を手合わせする経験をしたことにより，休符を明確に意識しながら内側で拍を感じ取るようになります。うまく休符をカウントできない児童には，体のどこかを指一本で軽くタップしたり，頭や肩を使って小さく上下させながら数えたりするように促しましょう。

　また，発展として教科書に掲載している手遊び以外に自分たちでオリジナル版を考えてみたり，「アルプス一万尺」の手遊びに合わせて異なるリズムが重なる面白さを味わいながら「茶つみ」を歌ってみるのもよいでしょう。

（佐藤　温子）

30 「春の小川」
―歌詞やフレーズを大切にして動きながら歌う―

聴き取り感じ取る要素	フレーズ，拍
学年／領域	第3学年／歌唱（歌唱共通教材）
作詞／作曲	高野　辰之作詞／岡野　貞一作曲

1 作品や題材などの特徴

　語りかけるような優しく明るい歌詞と，四分音符と四分休符だけで構成されたシンプルで親しみやすい旋律を，まとまりを感じながら歌いましょう。

2 リトミックを生かすアイデア（QR1）

　歌詞の中に表されている言葉をピックアップし，教室の中に春を感じさせる生き物や植物などに見立てたオブジェのようなものを設置し，あるいはその様子を想像し，歌いながら四分音符を歩いてみましょう。四分休符の所は歩行を一旦停止し，代わりに手拍子やポーズ（春の香りを感じるジェスチャー，春の生き物を見つけるポーズ等）を入れてみましょう。今度は，休符のところで方向転換し，次のフレーズの始まりとともに新しい方向へ向かって歩き，音楽のまとまりを感じましょう。慣れたら友達とペアを組んで以下のような活動をします。友達とのコミュニケーションを楽しみながら，明るい歌詞となめらかな旋律に即した歩き方や歌い方を意識して行いましょう。

春の小川は	きしのすみれや	すがたやさしく	さけよさけよと

Aだけが歩く Bは止まってAを見ている	BはAに向かって歩く Aは止まってBを待つ	AとB一緒に 横並びで歩く	バイバイしながら歩く

（佐藤　温子）

31 「ふじ山」
―旋律線を声や動きで表して表情豊かに歌う―

聴き取り感じ取る要素	旋律，音階，強弱
学年／領域	第3学年／歌唱
作詞／作曲	文部省唱歌／巌谷　小波作詞

QR1動画

1　作品や題材などの特徴

　富士山は左右対称で円錐形の世界有数の美しい山です。この曲はその美しさや雄大さが七五調の歌詞と親しみやすい旋律の動きで表現されています。

2　リトミックを生かすアイデア（QR1）

　導入として，教師や代表の誰かが黒板などにランダムに線を描きます。描かれた線を，他の児童が指でなぞります。その指の動きを見て，全員が高さやタイミングを意識し，線の動きに合わせて体を動かし，声を出します。

　次に，「ふじ山」の旋律を図式化したものを提示します。楽譜は段組み表記のため，曲全体の旋律の動きの特徴や曲の頂点などを理解するのが難しい場合があります。図のように全体をつなげて示すことで，旋律の起伏が分かりやすくなります。導入で体験した旋律の動きに合わせて体を伸び縮みさせたり，空中に見えない筆を持ってラインを描いたりしながら歌います。その時，音が上行したらエネルギーを増幅させ，下行したらエネルギーが落ち着いていくイメージを持って動いたり声を出したりします。その後，動く体験を通して得た強弱のうねりを思い出しながら，表情豊かに歌いましょう。

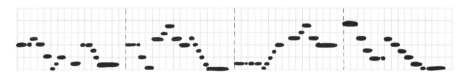

（佐藤　温子）

QR1動画

32 「さくらさくら」
―フレーズのまとまりを感じて体を動かして歌う―

聴き取り感じ取る要素	フレーズ，反復
学年／領域	第4学年／歌唱（歌唱共通教材）
作詞／作曲	日本古謡

1　作品や題材などの特徴

　桜は日本を代表する春の風物詩です。美しい情景を感じさせる歌詞と，日本の音階を用いたゆったり伸びやかな旋律で表された「さくらさくら」を，まとまりを意識しながら表情豊かに歌いましょう。

2　リトミックを生かすアイデア（QR1）

さくら	さくら	のやまもさとも	みわたすかぎり	かすみかくもか
あさひににおう	さくら	さくら	はなざかり	

　上のようなまとまりでフレーズを分けて活動を行います。歌いながら，各フレーズを腕を使って孤を描くように動かします。腕の動きが止まらないよう注意しながら，上半身や膝などの体の使い方を意識し，長・短のフレーズの長さの違いを感じましょう。スカーフを使うとより視覚的効果が高まります。スカーフがない時は，大きめのお花紙や不織布など軽めの薄い布等でも代用できます。次にペアを作り，歌いながら交互にフレーズを動きましょう。フレーズの最後（下線部）で，贈り物をするような気持ちで，相手にふんわりとパスしましょう。受け取り手も，送り手の贈り物を大切に受け取ってください。慣れてきたら，少しずつ距離を広げ，遠くの相手にフレーズを届けましょう。美しいフレーズラインを描きながら教室いっぱいに伸びやかな歌声を響かせましょう。人数を増やしてグループで行うこともできます。

（佐藤　温子）

33 「とんび」
―強弱を工夫して表情豊かに歌う―

聴き取り感じ取る要素 強弱，反復
学年／領域 第4学年／歌唱（歌唱共通教材）
作詞／作曲 葛原　しげる作詞／梁田　貞作曲

1　作品や題材などの特徴

中間部で4回繰り返される「ピンヨロー」の表現に着目します。いろいろな強弱の組み合わせで動いたり歌ったりしてみましょう。

2　リトミックを生かすアイデア

①　強弱表現を聴き取って，歌と動きで表そう

「ピンヨロー」の4回繰り返される部分を，教師が強弱を組み合わせて歌います。教師が歌っている間は，児童は目を閉じて教師の歌を聴きます。教師が歌い終わったら，強弱の組み合わせがどうだったかを，歌と共にとんびの羽ばたきの大きさで強弱を表して再現してみましょう。
強弱の例　強い―弱い―少し強い―少し弱い，徐々に小さくしていく　等

②　体による強弱表現を感じ取り，歌で再現しよう

教師，もしくはリーダーが「ピンヨロー」の4回を実際には歌わず，口の動きや顔の表情だけを見せ，強弱の変化を付けながら羽ばたきます。児童は，体や空間の使い方で表される強弱を感じ取り，分かったことを歌で表します。動きの強弱表現と連動させ，体を大きく開いたりギュッと縮めたりしながら歌いましょう。動きと歌のエネルギーは一致するでしょうか？

また，強弱は近付く（強い）遠ざかる（弱い）など，距離によって表現することもできます。羽ばたきに距離の視点を加えると，より臨場感のある強弱表現が体感できます。

（佐藤　温子）

34 「まきばの朝」
― 曲想と音階の特徴を関わらせて歌う ―

聴き取り感じ取る要素 旋律，音階
学年／領域 第3学年／歌唱（歌唱共通教材）
作詞／作曲 文部省唱歌／杉村　楚人冠作詞／船橋　栄吉作曲

1 作品や題材などの特徴

「まきばの朝」は，福島県の岩瀬牧場の朝の美しさを詩にしたといわれています。岩瀬牧場は日本初の西洋式牧場で，1907年に酪農がさかんなオランダから牛を輸入し，友好の記念にプレゼントされたのが，1番の歌詞にある「かね」です。1〜8小節は西洋の音階である長音階，9〜20小節は西洋らしさと日本らしさがあるといわれるヨナ抜き長音階でつくられています。

2 リトミックを生かすアイデア

「まきばの朝」を歌詞とドレミで歌えるようになってから，ドレミで歌いながら，1〜8小節で使われている音と9〜20小節で使われている音をそれぞれ確認します。そして，ドレミで歌いながら長音階とヨナ抜き長音階を感じながら指でなぞります。日本と西洋が牧場で出合ったかのような曲想を感じて歌えるようになります。

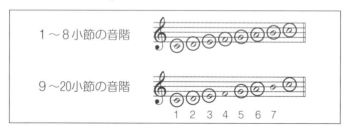

※本稿は，津田正之・酒井美恵子編著『学びがグーンと充実する！小学校音楽　授業プラン＆ワークシート　中学年』（明治図書出版，2020）をもとに構成しました。　　（酒井　美恵子）

35 「もみじ」
―2つのパートのリズムを体感して歌う―

QR1動画

聴き取り感じ取る要素	旋律，反復，変化，音楽の縦と横との関係
学年／領域	第4学年／歌唱（歌唱共通教材）
作詞／作曲	高野　辰之作詞／岡野　貞一作曲

1　作品や題材などの特徴

　輪唱，3度音程を保った合唱，対位的な合唱……と変化に富み，1曲の中で合唱の美しさや合わせる喜びを体験できる曲です。

2　リトミックを生かすアイデア

①　旋律のリズムをクラップしよう

　まずは，各旋律を歌えるようにします。その後，主旋律を歌いながらクラップ（手拍子）します。次に，クラップの仕方をアレンジします。教師の指示によって空気と手合わせをしたり，近くの人とペアになって手合わせたりしてみましょう。同じように副旋律も行います。慣れたら，クラスを半分に分けて2つの旋律を重ねてみましょう。

②　旋律のリズムをステップして，ずれや重なりを体感しよう（QR1）

　今度はリズムを足のステップで表します。まずそれぞれの旋律をステップできるようにします。何人かで手をつなぎながらでも行えます。それぞれの旋律がステップできるようになったら，いよいよ2つの旋律を合わせます。伸び縮みするゴムのようなものを持ち，横並びでスタートします。詳しくはQR1から参考映像をご覧ください。4拍遅れの追いかけっこ，同じリズムを動く，対旋律を動く……2つのパートずれや重なりの面白さを感じながら，1曲の中で変化していく音楽の形を，ステップとゴムの伸び縮みの動きを通して体感しましょう。

（佐藤　温子）

36 「こいのぼり」
―リズムが生み出す曲想のよさを感じ取って歌う―

聴き取り感じ取る要素　リズム
学年／領域　第5学年／歌唱（歌唱共通教材）
作詞／作曲　文部省唱歌

1 作品や題材などの特徴

「こいのぼり」は，付点のリズム（タッカのリズム）が特徴的な作品で，広々とした空の下で力強く泳ぐこいのぼりの様子をイメージできる歌です。ここでは，よりよく付点のリズムを表現できるようにしましょう。

2 リトミックを生かすアイデア

① 付点のリズム（タッカのリズム）に親しもう

はじめに，回数を決めてスキップをして，その後にこいのぼりをイメージしたポーズをします（例：4回スキップ→こいのぼりのポーズ）。児童がこの活動に慣れてきたら，足のスキップに加えて手でもスキップのリズムを打ってみましょう（例：4回足でスキップ→4回手でスキップ→こいのぼりのポーズ）。児童が回数を決めたり，友達のポーズをみんなで模倣したりしながらこの活動を行うことにより，自然と付点のリズムが身に付きます。

② 歌のリズムに親しもう

はじめに，「こいのぼり」の歌のリズムを手で打ちます。その際に，心の中で歌いながら口元で手を打つとやりやすいです。次に，足でリズムを打ちながら声を出して歌います。慣れてきたら，フレーズの終わりの4分休符の部分でこいのぼりのポーズをしたり，友達と手を合わせたりします。これらの活動を通して，リズムのよさを生かした歌い方ができるようになります。

（房野　雄輝）

37 「子もり歌」
―音階の味わいの違いを感じて歌う―

聴き取り感じ取る要素	音色，旋律
学年／領域	第5学年／歌唱（歌唱共通教材）
作詞／作曲	日本古謡

1 作品や題材などの特徴

　小さな子どもを寝かせるために，優しく歌ったりゆっくり絵本を読んだりすることは，日本だけでなく，世界のいろいろな国でもしています。昔から伝わる優しい「子もり歌」を，味わいの違う2種類の表情で歌いましょう。

2 リトミックを生かすアイデア

① 子どもの寝かせ方を考えよう

　ランドセルや筆記用具，ハンカチなど，学校生活の中で自分が大切にしている身近なものを1つ選びましょう。決まったら，その道具を小さな子どもに例えて，どのような寝かせ方があるか実際に試して発表してください。

〈例〉

　抱っこする／おんぶする／ポンポンと優しく叩く／なでるなど

② 2つの旋律の違いを感じ取ろう

　上記で考えた寝かせ方を使って，全員で教科書の律音階（♭なし）の「子もり歌」を歌います。次に，教師が都節音階（♭あり）の「子もり歌」を，ピアノや歌，または音源を使って児童に聴かせ，寝かせ方を変えて表現しながら歌ってみましょう。同じ歌詞でも，わずかな旋律の違いによって，曲の変化を感じられます。したがって，寝かせ方も大きく変えずに，少しだけ変化させるようにしてください。最後に，2つの「子もり歌」の味わいの違いを感じながらもう一度歌ってみましょう。

（佐川　静香）

38 「スキーの歌」
―音の高さを表現して歌う―

聴き取り感じ取る要素	旋律，速度
学年／領域	第5学年／歌唱（歌唱共通教材）
作詞／作曲	文部省唱歌／林　柳波作詞／橋本　国彦作曲

1　作品や題材などの特徴

　この曲は，真っ白な雪の世界を，勢いよくスキーで滑っていくような情景が目に浮かぶ曲です。旋律の音の動きとスキーの動きを結びつけて楽しく歌いましょう。

2　リトミックを生かすアイデア

① 音の高さを体で感じよう

　打楽器のスティックやラップの芯など，スキーストックに似たような身近なものを両手に持ちます。用意ができない場合は，持っているふりでも構いません。児童はスキーのように少し背中を丸めた姿勢で，教師の声の抑揚や速さに合わせて，持っているストックと体を上下に動かします。
〈例〉声が高くなる→上体を起こす／声が低くなる→上体を曲げる

　声の代わりに，音の高低が聴き取りやすいスライドホイッスルという楽器の使用もおすすめです。声の高さと動きの高さが合わせられるようになったら，今度は，代表の児童が声の高さを変化させて，教師や他の児童たちは，代表の児童の声の高低に合わせて体で表現してみましょう。

② 音符の高さを意識しながら歌ってみよう

　まず，楽譜に書かれている音符を指でなぞりながら歌ってみましょう。次に立ちあがり，①の活動を生かして，スキーストックの動きと音符の高さを合わせながら，スピード感をもって歌ってください。

（佐川　静香）

39 「冬げしき」
—旋律やフレーズの特徴を感じ取って歌う—

聴き取り感じ取る要素	旋律，フレーズ
学年／領域	第5学年／歌唱（歌唱共通教材）
作詞／作曲	文部省唱歌／石桁　冬樹編曲

1　作品や題材などの特徴

　「冬げしき」は，流れるような旋律と美しい歌詞が特徴的な作品で，冬の様々な情景がイメージできる歌です。ここでは，フレーズを意識しながら歌ったり旋律のよさを表現したりできるようにしましょう。

2　リトミックを生かすアイデア

①　友達とボールを動かす活動に慣れよう

　はじめに2人組を作り，各組に1つずつボールを渡します。次に，お互いに向き合ってボールを支え合うようにして持ちながら，ボールをいろいろな方向に動かしてみましょう。なお，児童数が奇数の場合は3人組ができますが，この場合も1つのボールを3人で使います。ボールの大きさは，ドッジボールで使う程度のもの用意すると，児童が扱いやすくなります。

②　「冬げしき」の旋律やフレーズの特徴と拍子を感じ取ろう

　「冬げしき」を声に出して歌いながらボールを動かす活動を行います。
　【前後の動き】4小節のフレーズごとに前後に動きます。その際，1つのフレーズ内では動く方向を変えないようにします。フレーズの変わり目で教師が「はい」と合図をし，動く方向を変えます。【上下の動き】慣れてきたら，旋律の上下の動きも加えます。【拍子を感じた動き】ゆったりとした3拍子に合わせて横に揺れる活動も行ってみましょう。これらの活動を通して，旋律やフレーズの特徴を意識しながら歌う力が身に付きます。　　（房野　雄輝）

40 「越天楽今様」
― 曲想を味わい，旋律のまとまりを感じ取りながら歌う ―

聴き取り感じ取る要素 旋律，フレーズ
学年／領域 第6学年／歌唱（歌唱共通教材）
作詞／作曲 慈鎮和尚作歌／日本古謡

1 作品や題材などの特徴

「越天楽今様」は，雅楽「越天楽」のゆったりとした旋律に七五調の歌詞がつけられた歌です。ここでは，曲想を味わったり旋律の動きやフレーズを感じ取ったりして，表現に生かせるようにしましょう。なお，雅楽や「越天楽今様」の教材研究はウェブの「文化デジタルライブラリー」がお勧めです。

2 リトミックを生かすアイデア

① 雅楽「越天楽」の曲想を味わおう

「越天楽今様」を歌う前に，雅楽「越天楽」の曲想を味わいましょう。目を瞑りながらじっくり聴いたり，おごそかな曲想に合わせて体を動かしたりします。例えば，6年生の社会科で学ぶ「貴族の生活や文化」と関連を図り，当時の装束を着ているようなイメージで歩いたり，雅楽の舞のイメージで足や腕を動かしたりするとよいでしょう。

② 「越天楽今様」の旋律の動きやフレーズを感じ取ろう

「越天楽今様」を歌いながら空間に線を描きます。腕全体を使って空間に大きな弧を描いてみましょう。4小節のフレーズごとに右腕と左腕を使い分けるようにしたり，旋律の上下の動きに合わせて腕の高さも変えたりするようにします。例えば，「はなざかりかも」の歌詞から始まる旋律は音が低くなるので，腕も低い位置で動かすようにします。これらの活動を通して，旋律やフレーズを感じ取って表現する力が身に付きます。

（房野　雄輝）

41 「おぼろ月夜」
―曲にふさわしい呼吸で歌う―

聴き取り感じ取る要素	旋律，フレーズ
学年／領域	第6学年／歌唱（歌唱共通教材）
作詞／作曲	文部省唱歌／高野　辰之作詞／岡野　貞一作曲

1　作品や題材などの特徴

　この曲は，霧や雲に包まれて霞んで見える優しいおぼろ月の下，大きく広がる菜の花畑や暖かい春風の匂いを想像できる曲です。
　落ち着いた呼吸とともに穏やかな気持ちで歌いましょう。

2　リトミックを生かすアイデア

①　自分の呼吸を意識しよう

　軽く目をつぶり，自然な呼吸で息を吸ったり吐いたりしながら，自分の体の中がどのように動いているか想像します。次に，息の速さを変化させて呼吸してみましょう（例：速く，遅く，だんだん速く，だんだん遅くなど）。
　両手でお腹を触りながら呼吸を感じたり，呼吸に合わせて手を前に押したり引いたりしながら，視覚や触覚を使って呼吸を感じると，より意識を深めることができます。息の速さを感じると同時に，息の強さにも注目してみましょう。

②　曲想にあった呼吸で歌おう

　歌の旋律を聴いて，どのような息の使い方が曲想に合っているかを話し合います。決まったら，両手を押したり引いたりしながら，呼吸を体で表現して歌いましょう。また，両手を動かす際は，フレーズごとにいろいろな方向へ変えてみてください。
〈両手を動かす方向の例〉前，後ろ，右，左，上，下など　　　　（佐川　静香）

42 「ふるさと」
―強弱の変化を感じながら歌う―

聴き取り感じ取る要素	強弱，旋律，音色
学年／領域	第6学年／歌唱（歌唱共通教材）
作詞／作曲	文部省唱歌／高野　辰之作詞／岡野　貞一作曲

1　作品や題材などの特徴

　登下校道で目にする大自然の山や川，ともに支えあう仲間やいつも応援してくれる家族は，大人になっても忘れない大切な存在です。1つ1つの言葉を丁寧に伝えられるように，曲に合った声の使い方で歌いましょう。

2　リトミックを生かすアイデア

①　体を使っていろいろな大きさを探そう

　自分の体から，大きくしたり小さくしたりできる体の部位を探し，実際にゆっくり動いてみましょう（例：目や口を開ける／閉じる，腕や足を広げる／閉じる）。

②　声を使って音の強弱を体験しよう

　日常で聴こえる効果音や動物の鳴き声を使って，自分の声をだんだん強くしたり，だんだん弱くしたりしながら，音の強弱を探してみましょう。声を出す時は短く切らずに，長く伸ばした声で行ってください（例：犬の遠吠え，猫の鳴き声，甲子園のサイレン，ため息など）。

　次に「ふるさと」の歌詞を，教科書に記載されているクレッシェンドとデクレッシェンドを意識しながら，歌わずに読んでみましょう。そのあと，先ほど探したいろいろな声の中から曲にふさわしい歌い方を見つけて，クレッシェンドとデクレッシェンドを生かしながら実際に歌ってみましょう。

（佐川　静香）

43 「われは海の子」
―曲の盛り上がりを意識しながら歌う―

聴き取り感じ取る要素	旋律，強弱
学年／領域	第6学年／歌唱（歌唱共通教材）
作詞／作曲	文部省唱歌

1 作品や題材などの特徴

「われは海の子」は，旋律の流れや強弱の変化が特徴的な作品で，美しく力強い海の情景や，そこに生きる人々の様子がイメージできる歌です。ここでは，強弱の変化を感じ取ったり曲の盛り上がりを意識したりして，表現に生かせるようにしましょう。

2 リトミックを生かすアイデア

① 海の情景を思い浮かべよう

はじめに，10人程のグループになり，手をつないで円をつくります。次に海の情景を想像しながら（例：大きな波，静かな海など），円を広げたり閉じたりします。グループの動きの工夫を互いに見るようにすると，より楽しい活動になります。

② 「われは海の子」の強弱の変化を感じ取ろう

「われは海の子」を声に出して歌いながら，円の大きさを変化させる活動を行います。その際，拍に合わせて歩くようにしましょう。はじめに，クレッシェンドでは円を広げて，デクレッシェンドでは円を閉じていくようにします。次に，手や腕の使い方に着目します。例えば，手や腕を徐々に上げながら円を閉じていくと，円の大きさは小さくなるものの，クレッシェンドの様なパワーを感じることができます。これらの活動を通して，曲の盛り上がりを意識した歌い方ができるようになります。

（房野　雄輝）

44 器楽における読譜のポイント

聴き取り感じ取る要素 音色，旋律
学年／領域 全学年／器楽

1 器楽の読譜

　世界中に様々な楽器があり，その楽器に応じた伝承法があります。例えば，口頭伝承による口唱歌（くちしょうが）や，楽器固有の奏法を文字や数字で表示するタブラチュア譜などがあります。

　小学校の音楽の授業で用いる楽器は，次のように学習指導要領に示されています。

打楽器：木琴，鉄琴，和楽器，諸外国に伝わる様々な楽器
旋律楽器： 第１学年及び第２学年 　　オルガン，鍵盤ハーモニカなど 第３学年及び第４学年 　　既習の楽器とリコーダーや鍵盤楽器，和楽器など 第５学年及び第６学年 　　既習の楽器と電子楽器，和楽器，諸外国に伝わる楽器など

　上記は，主として打楽器はリズム譜，鍵盤ハーモニカやリコーダーなどは五線譜，そしてお箏はタブラチュア譜である数字などを用いた縦譜などが教科書に掲載されています。

2 読譜力向上の支えになるリトミック

例えば「タンタンタンウン」というリズムは，音符で表すと♩♩♩♪となります。「タッカタッカ」というスキップのリズムは，音符では♫♫となります。このような音符や休符の意味を理解するためには，その前に「タンタンタンウン」や「タッカタッカ」のリズムを体感しておくことが大切です。この場合の体感は，教師の真似をしてハンドクラップしたり，言葉で唱えたり，歩いたり，スキップしたりという活動を十分楽しむことです。その後，音符での表し方を学ぶという順番が重要です。

本書で紹介している常時活動は，様々な音楽的な特徴を体感できます。低学年のうちから，積極的に取り入れてください。読譜力向上の支えとなる活動です。

3　器楽は調に関わらず固定ドで読譜

小学校学習指導要領音楽では，歌唱において「相対的な音程感覚を育てるために，適宜，移動ド唱法を用いること。」と示されています。移動ド唱法は階名唱ともいい，長音階では調に関わらず主音をドとする唱法です。

小学校音楽の教科書では♯や♭が付いた調の器楽教材が掲載されていますが，器楽の場合は調に関わらず，五線による旋律楽器の読譜は固定ドで読譜します。移動ドと固定ドの例をヘ長調（ヘ音が主音の長調の音楽）の「ふるさと」にドレミを振って例示します。

〈例〉「ふるさと」文部省唱歌，高野辰之作詞，岡野貞一作曲

（酒井　美恵子）

45 合奏のポイント
―アンサンブル編―

聴き取り感じ取る要素 旋律，音色，音の重なり
学年／領域 中学年・高学年／器楽

1 作品や題材などの特徴

　アンサンブルとは，複数人からなるメンバーで演奏することを指しますが，大人数で演奏することよりもより音を身近に感じることのできる演奏方法です。音が揃ったり，ずれたり，重なったりすることが，1人ではできないアンサンブルのよさであるといえます。ここでの活動では，言葉を使わず，音によるコミュニケーションを大切にします。複数人だから成立するアンサンブルのよさをぜひ感じてみてください。

2 リトミックを生かすアイデア

① トライアングルを使ったアンサンブル
　このアンサンブルでは音色を3つに分け，それに動きを考えます。
〈3つの音色〉

　　音色：伸ばす音（チーン）
　　動き：指と指を合わせ引き離す・手を広げる

　　音色：連打の音（チリリリリリ）
　　動き：手を揺らす，首を左右に振る

　　音色：左手で握った音（チチチチ）
　　動き：つま先を使って歩く

〈3つの音色を使ったアンサンブル体験〉
1) 教師が4拍からなるリズムをつくり，動きで表します。
2) 動きからリズムを感じて児童はトライアングルを演奏します。
3) 次に，もう1人，教師役でリズムを考え，同時や交互に動きましょう。その時に児童は2つのグループに分かれ，どちらの動きに合わせて演奏するかを決めてトライアングルでアンサンブルをします。
4) 動く人を変えるとその人がもつ個性や感性が働き，速さや強さに変化をもたらすこともあります。いろいろなバリエーションで音と音が関わっている様子を楽しむことができます。

② 音のコミュニケーション
　まずは，音を出すための体の部分（足音，手拍子，手を擦るなど）を決めましょう。次に，4拍子から成る3つのリズムを提示して演奏してみます。

【○（4分音符）・◆（4分休符）】

　それぞれどのリズムを演奏するか決めたら一斉に演奏をしてみましょう。はじめはもちろん合わない状態が続きます。ここで一度止めて「目と相槌を使って誰かのリズムに合わせましょう」と伝えてみましょう。全員のタイミングを揃えていくために，「リズムのはじめに少し頭を前に動かしましょう」などアドバイスも適宜行ってください。
　児童の多くは，「せーのっ」で合わせることが多いですが，ここでアイコンタクトで始まる音楽の魅力を感じられるとよいです。

（岸田　衛）

46 合奏のポイント
―音を合わせるためのエクササイズ編―

聴き取り感じ取る要素 旋律，拍，音の重なり
学年／領域 全学年／器楽

1 作品や題材などの特徴

合奏は，どこの学校でも音楽会などで取り扱われるものだと思います。児童１人１人が任されている楽器パートに集中しながらも周りの音に合わせて取り組むことは容易なことではありません。音を合わせることを重視した内容で合奏指導にも反映できる内容を紹介します。

2 リトミックを生かすアイデア

① フレーズの出だしを揃えよう

リコーダー，鍵盤ハーモニカなど音高があり，歩いて演奏できる楽器を使って演奏に取り組めるとよいです。

1) 下記の音楽を階名唱で歌えるようになり，座奏で演奏できるようになったら歩いて演奏してみましょう。
2) 今度は楽譜にある休符は歩行を止め，そして休符後から再度歩くようにして演奏してみましょう。
3) 次に，４拍目の音で足をあげてみましょう。メロディがはじまるまでの準備をして１拍目に向かう感覚を養い，合奏の縦を揃えることにつながります。出だしを揃えるためには，準備する時間や力の加減，足を上げる空間などいろいろな感覚を大切にするとよいです。

② 指揮者に合わせて

　演奏には児童たちの奏でる音は必須ですが、やはり曲の始めと終わりの要は指揮者に注目することです。例えば1学年100名を超える児童数であると合わせるのに至難の技を必要としますので、以下の練習を通して指揮に合わせて音楽が広がる練習を紹介します。

③ 1文字を使った即興練習（QR１）

　ここでは「パ」を1文字扱うことにしてみます。2～3グループほどに分かれて指揮の合図で声のアンサンブルを行いましょう。例のように、4拍からなるリズムをつくり、割り振ります。最後はふさわしい歯切れのよいリズムをつくっておきます。教師の手による合図は、パーの時は「パ」で歌う、グーはお休み、そしてチョキは締めくくりです。例は「（ウン）パッパパパ」です。リズムを創作する際に、各パートが重なったときもそうでない時も楽しめるリズムをおすすめします。

1）パートに向かって片手を出して「パ」のリズムを唱えてみましょう。
2）全体で演奏するときは両手を出して演奏してみましょう。
3）強弱を意識して手の高さを変えて表現することも挑戦してみると面白い展開になります。
4）手をグーにして時々休符も入れて演奏に取り組んでみましょう。
5）最後にチョキを出してフィナーレを飾りましょう。

　指揮に合わせて、音が出る仕組みや音が重なる喜び、そして何よりも音が揃って終わる気持ちのよさなどをボディサインによる即時反応で大いに楽しんでみてください。

（岸田　衛）

47 鍵盤ハーモニカ
―体を使って技能を身に付ける―

聴き取り感じ取る要素 旋律，音色
学年／領域 低学年／器楽

1 作品や題材などの特徴

鍵盤ハーモニカは，息を基に様々な演奏の展開ができる楽器です。指づかい，タンギングなど必要な技能がありますが，元々は体の動きから成り立つ技術です。ここでは指や息など体を中心に使って音が鳴る感覚を経験できる方法を紹介します。

2 リトミックを生かすアイデア

① いろいろな息と音色

まずは，下の図形譜（4分音符：たん「○」2分音符：たーー「◎」）を手拍子や言葉を発して練習してみましょう。次に，教師が強い・弱いを明確にして手拍子を鳴らしてみます。児童たちは，鍵盤ハーモニカのホースだけを使って自分の息を感じながら風を感じてみましょう。強い手拍子は腕を大きく振って，弱い手拍子は指で行うと強弱の差が分かりやすいです。そして最後に，様々な曲想の音源に合わせて息だけの演奏をしてみましょう。強い・弱いの中にも速さが加われば息の種類がたくさんあること，そして様々な音源に合わせることにより音色と息の関わりを感じることができます。

○	○	◎	
◎		○	○

QR1 動画
 QR2 動画

② 指と音（QR1）

　2年生までに鍵盤ハーモニカでドレミファソラシドを弾けるようにすることと思いますが，5本の指で演奏する際に，中指，薬指，小指はそんなにスムーズに動かないものです。ここでは，楽しく指を動かすエクササイズを紹介します。まずは学校などにあるキーボードに内蔵してあるリズムを鳴らしてみましょう。次に，指番号を使って模倣活動をしましょう。慣れてきたら右手を出して教師→児童→教師→児童の順番にまねっこをしてみてください。

　最後には，英語（ワン・ツー・スリー・フォー・ファイブ）や階名唱などいろいろなパターンでまねっこすることで外国語や階名などにも親しめます。

③ タンギングと体の感覚

　リコーダーの学習にもつながるタンギングは低学年でどれだけ積み重ねて学習するかで大きく変化してきます。タンギングがどのような感覚があるか体を使って体験していきましょう。

1）友達とペアを組みましょう（3人でも大丈夫です）。
2）「じゃんけん」をして負けた人は腕を相手に出しましょう。勝った児童は教師のタンギングを聴いて相手の腕に音をスケッチ（揉んだり・突いたり）していきます。
3）教師：「トゥッ，トゥッ，」／「デー，デー」
　　勝った児童：指を使ってツンツンとタッチする／手を揉む。
　　負けた児童：触られた感覚を感じながら演奏する。

　タンギングは舌をどのように使うか説明するよりも体の感覚から覚えることが大切です。余裕が出てきたら，学習している楽曲に合わせても楽しくタンギングの技能が高まります。

　なお，動画（QR2）は鍵盤ハーモニカの達人の演奏です。参考にご覧ください。

（岸田　衛）

48 ソプラノ・リコーダー
―指の使い方と音色の味わい―

聴き取り感じ取る要素 音色，旋律
学年／領域 中学年・高学年／器楽

1 作品や題材などの特徴

　ソプラノリコーダーを演奏するときは，指を動かすことと息を入れることの２つを同時に行います。はじめに，２つの動きを分離した活動を行い，それぞれを身につけたうえで，ソプラノリコーダーの音色を楽しみ，演奏へとつなげていきましょう。

2 リトミックを生かすアイデア

① いろいろな指の使い方を知ろう（中学年向け）

　ソプラノリコーダーを手に取る前に，自分の手の指をいろいろな生き物や形に例えて動かしてみましょう。その時，手のひらを動かすのではなく，指を１本ずつ動かすように心掛けてください（例：おばけ，ロボット，綿あめ，ハリネズミ，花火など）。

　次に，リコーダーを持ちながら，先ほどと同じように指を動かしてみましょう。音は出さずに行ってください。クイズ形式にして，教師または児童１人が指の動きを見せ，他の児童は動きをよく観察し，実際にまねをしながら，何を表現したかクラス全員で答えを探してみましょう。

② 頭部管を使っていろいろな音を出そう（中学年向け）

　ソプラノリコーダーの頭部管だけを使って，音の長さと自分の息を合わせてみましょう。まずはじめに，程よい長さのひも又はスズランテープを用意し，箱の中に１本だけ入れておきます。ひもの長さは自由です。

教師または１人の児童が，箱の中からひもをゆっくり上へと引き出し，同時に他の児童たちは頭部管を長く吹いてみましょう。児童は，箱からひもが出し終わるまで，頭部管を吹き続けてください。箱から出てくるひもの動きをよく観察して，吹き始めるタイミングと吹き終えるタイミングをしっかり合わせてください。慣れてきたら，吹く長さを変化させるために，いろいろな長さのひもを箱の中に入れ，くじびきのようにして行ってください。

　次に，頭部管の底を手のひらで優しく押さえたり離したりして，音の高低を感じ取りましょう。その際，頭部管のウィンドウ（まど）を指で押さえてしまうと，音が出なくなってしまうので気を付けてください。上手に音を変化させることができるようになったら，教師のハンドサインに合わせて，音を出してみましょう。
〈例〉教師の手がパーになる→高い音（頭部管の底から手を離す）
　　　教師の手がグーになる→低い音（頭部管の底を手で押さえる）
　応用として，クラスを半分（右チームと左チーム）に分け，先生の右手と左手を別々に提示して，各チームで音の高さを変えることも可能です。

③　音の虫食い演奏をしてみよう（中学年と高学年向け）
　教師が３つの音を音名で歌い，後に続いて児童はその音を順に演奏します。次に，教師は３つの音の中から１つの音だけ，声と同時に手を叩いてください。児童は，教師が歌った順に演奏しますが，教師が叩いた音は吹かずに，叩いていない音だけを演奏します。その際，吹かない音も指は動かしましょう。
（例：ソ，ラ，シのラだけ手を叩く→ソ，お休み，シを演奏する）
　慣れてきたら，音の数や手で叩く音を増やしても構いません。音を選ぶ際は，教科書に掲載されているリコーダーの曲や練習している曲で使われている音の中から音を選ぶと，より運指の学びを深めることができます。

（佐川　静香）

Chapter2　リトミックでつくる音楽授業アイデア73

49 打楽器①
―体を手で叩く　太鼓を手で叩く―

聴き取り感じ取る要素　音色,強弱
学年／領域　中学年／器楽,音楽づくり

1　作品や題材などの特徴

　嬉しい時,楽しい時,祈る時,人は歌い,踊り,メロディやリズムを奏でていました。それが音楽のはじまりです。楽器はどのように生まれたのでしょう？　手で体を叩いて音を出していた私たちが,あるとき,木片や石を叩き,新しい音を発見し,未知なる音への好奇心から楽器がつくられました。楽器は私たちの体の一部,延長です。

　まず,手で自分の体を叩いて音を鳴らしてみましょう。

　次に,タンバリンなど,手で叩く太鼓の音を鳴らしてみましょう。手や皮膚の感覚,触覚を通して音の響きを感じましょう。

2　リトミックを生かすアイデア

①　体を楽器にしよう

　手でいろいろな体の部分を叩いてみましょう。手と手を叩くだけでも多数の方法があります。みんなで円になって,順番に1人ずつ音を鳴らしてみましょう。前の人と同じにならないように,アイデアをひねりだすことが大切です。叩くだけでなく擦ることもできます。手のひら,手の甲,指先や指の関節などを合わすことでも音が鳴り音色が変わります。

　今度は自分の体のいろいろな部分を手で叩いてみましょう。頭部,胸部,臀部,足部,それぞれで音が違います。リズムパターンを決めて,ヴァリエーションをつくって楽しみましょう。チームになってリズム合戦も面白いです。

② 太鼓を叩こう：膜鳴楽器〜タンバリンであそぼう〜

　太鼓は枠に皮を張った膜が鳴る楽器で，楽器学の分類では「膜鳴楽器」になります。バチで鳴らすも時もありますが，音の振動や手触りを直接感じるために，手で触れて叩いて鳴らすタンバリンを使いましょう。

　片手でタンバリンを持ち，片手で自分の頬（ほっぺた）とタンバリンの面を交互に手のひらでさすったり，指先でくすぐったりしましょう。楽器を自分の体のように感じて大切に触れ合うための導入にもなります。

　例：＊＊＊＊｜♪♪♪♪｜＊＊＊＊｜♪♪♪♪｜

　　（ほっぺ＊　タンバリン♪）

③ 太鼓でおしゃべりしよう

　いろいろな触り方，叩き方のヴァリエーションができたら，お友達とリズムのまねっこあそびや，おしゃべりをしましょう。ことばでお話しする時に，喜怒哀楽の気持ちを伴うと，声の強さや喋り方の速さや強さが変わりますが，タンバリンでおしゃべりするときも，自分の体から出る声として音を鳴らすようにしましょう。２人でするときは向かい合って，３人でするときは円になってするといいでしょう。

　クラスで行う場合は，全員で同時に行うと騒音になってしまいますので，練習の後は順番に発表させましょう。リズムのおしゃべりの時間は決めるとよいです。（例：30秒）ビートに乗せたリズムのあるおしゃべりと，日常会話のようにフリーリズムのおしゃべりと両方試してみましょう。

　リズムの異なる言葉を３種類以上考えて，最初に喋りながら太鼓を叩いて提示し，そのあと，太鼓の音だけで言葉を当てるクイズなどもできます。

　アフリカにはトーキングドラムと呼ばれる太鼓もあります。世界には，他にも様々な太鼓（膜鳴楽器）があります。どんなものがあるかを調べてみると楽しいです。

（井上　恵理）

Chapter2　リトミックでつくる音楽授業アイデア73　　093

50 打楽器②
―トライアングルの響きを感じる―

聴き取り感じ取る要素 音色，響き，強弱
学年／領域 中学年／器楽，音楽づくり

1 作品や題材などの特徴

「もの」を叩いたり，擦ったりするといろいろな音がします。身の回りのものを叩けば，すべてが打楽器になります。

楽器の総称は，一般的には弦楽器，管楽器（木管楽器，金管楽器），打楽器，鍵盤楽器，電子楽器と呼ばれ，仲間分けされていますが，1つの楽器が複数の仲間に入るものがあります（例えば，ピアノは音が鳴る部分は弦なので弦楽器？ ハンマーが弦を叩くので打楽器？ 鍵盤があるので鍵盤楽器？）。

楽器分類学（ザックス＝ホルンボステル分類）では，発音原理に基づいて分類され，「もの」そのものが発音する「体鳴楽器」，「もの」に貼られた「膜」が発音する「膜鳴楽器」，「もの」にはられた「弦」が発音する「弦鳴楽器」，「空気」の流れによって発音する「気鳴楽器」，「電気」の流れによって発音する「電鳴楽器」の5種類になっています。

ここでは，「もの」そのものを発音させる「体鳴楽器」の打楽器の中で，トライアングルの活動を紹介します。

2 リトミックを生かすアイデア

① トライアングルの響きの余韻を味わおう―音を最後まで聴く―

木の音，水の音，石の音，竹の音，鉄の音，金属の音，紙の音，布の音，プラスチックの音，体の音等々，叩いたり，振ったり，擦ったりして音を出しますが，トライアングルは金属（鉄）の音で，響きの余韻が長い音が出

せることが大きな特徴です。トライアングルの1音を聴いて，1本の線を描いてみましょう。紙に鉛筆で書いてもいいし，空中に想像の線を描いてもいいです。余韻の最後まで聴いて，線を最後まで描いてみましょう。音を出すときも長い響きの音の時は，音が伸びていくようにトライアングルのビーターを叩いた後にスーッと横に伸ばしてみるといいです。

② 3種類の音色を聴いて体を動かそう―音のリーダーと動きのチーム―

　トライアングルの鳴らし方には，吊るしてある紐を持って響かせて打つ音，握って響きを止めて打つ音，細かく打つ音があります。

　音のリーダーと動きのチームになって，音のリーダーはどのように動いてもらいたいかをイメージして3種類を組み合わせましょう。動きのチームは音を聴いて，体を動かしましょう。誰もが音のリーダーになるようにして両方を体験することによって，楽器の音の出し方が変わってきます。

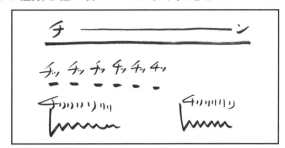

③ 2本のトライアングルの音で対話しよう

　2人でトライアングルでお話します。対話の時は大きさの異なるものを用いると違いが分かりやすくなります。ゆっくりと鐘の音を聴くように相手の音の余韻を聴いてから，呼びかけに応えるようにしましょう。

　細かく打つ音は，虫の声や目覚まし時計等々，イメージするものによって強さや速さが違ってきます。

　2人で気持ちと呼吸を合わせて，一緒にチーンと音を鳴らし，一緒のタイミングで握って響きを止める活動もいいでしょう。集中力を高めることにもなり，アンサンブルの基本にもなります。

（井上　恵理）

51 日本の楽器
―箏の美しさと面白さを味わう―

聴き取り感じ取る要素 音色, 響き, 旋律, 音階
学年／領域 中学年／器楽, 音楽づくり

1 作品や題材などの特徴

　日本の楽器には様々なものがあります。小学校の教科書には和太鼓, 三味線, 尺八, 箏などが紹介されています。写真やイラストが掲載され, 説明が書いてありますが, 実物を見て生音を聞くこと, そして何よりも, 自分自身で楽器を触り, 音を出すことが音楽体験として大切です。本書で, 鍵盤ハーモニカ, リコーダー, タンバリン, トライアングルを取り上げて, 実際に体の動きと結びつけて音を出したり, 聴いたり, また, 音楽づくりを通して楽器に親しみましたが, 同じような方法で, 日本の楽器と仲良くなりましょう。ここではお箏の活動を紹介します。

2 リトミックを生かすアイデア

① 箏をよく観察して模写しよう

　教師は平調子に調弦されたお箏を教室に置きます。児童は近づいていろいろな方向からよく観察して絵を描きます。「模写」するという目的があることで, よりよく観察し, 箏の胴体がどのような形か, 弦が何本あってどのように張ってあるか, 琴柱はどのように立っているか等, 自分自身で発見する面白さがあります。実際に楽器に近づいて観察することで, 胴体の大きさや長さ, 幅も, 自分の体と比較して実感することができます。その後, 箏が竜の姿にたとえられていて, 楽器の各部分に「竜尾」「竜頭」という名称が付けられていることを伝えると, 児童の記憶により深く残ります。

②　弦に触って音を出そう―音のイメージと体のイメージを重ねる―

　箏は「もの」に張ってある弦が音を出す「弦鳴楽器」です。弦（糸）の長さ，張力によって音高が変わります。一般的な箏は糸が13本あり，奏者の向こう側から手前に向かって，順に「一，二，三，四，五，六，七，八，九，十，斗，為，巾」と名前があり，低い音から高い音に調弦されます。向こう側から手前に階段を登り，自分の体に近づくと高くなるイメージです。

　糸の名前を唱えながら，自分の体に近づく階段を登っていくイメージを持ちながら平調子の音階を歌いましょう。その活動をすることによって，「七　七　八　」で始まる「さくらさくら」の旋律の流れがより捉えやすくなります。手前から向こう側に，親指で13本の糸を順に流れるように鳴らしてみましょう。高音から低音へ向かう音階の下降を，川の上流から下流に流れるような動きのイメージを重ねて体感してみましょう。指先だけではなく，腕，体全体，重心の移動，そして呼吸（吐く息）を使って音の流れを感じることができるといいです。

③　輪ゴムと箱で「箏のようなもの」を作ってみよう

　輪ゴムを２本と箱を使います。お菓子の箱でもプラスティックの容器など，輪ゴムが十分に張れる横長のものがいいでしょう。箱の蓋を外し，枠にゴムをかけるだけの簡単な「弦鳴楽器」です。左手でゴムを抑える位置を変えながら右手で音を鳴らすと，音が変化します。自分の体の動きの変化がそのまま音の変化につながることを実感できる楽しい体験です。

④　様々な音階に調弦した箏の音にふれてみよう（応用編）

　箏は柱を移動させるだけで音が変わり，いろいろな音階をつくることができます。平調子，雲井調子，乃木調子だけでなく，都節音階，律音階，民謡音階，沖縄音階，長音階，ブルース音階，教会旋法等に調弦して演奏することができます。日本の楽器で，古今東西の音楽の世界を旅するのもきっと楽しいでしょう。

（井上　恵理）

Chapter2　リトミックでつくる音楽授業アイデア73　　097

52 身近なものを使った音遊び・音楽づくり①

聴き取り感じ取る要素 音色，強弱，速度
学年／領域 低学年・中学年／音楽づくり

1 作品や題材などの特徴

音楽室にある楽器をはじめて使うとき，演奏の仕方を学習してから使用することが多いですが，音楽づくりでは，児童自身が音の出し方を表現したり工夫したりすることが大切です。そして，与えられた楽譜を演奏するのではなく，即興的に音を出すことも音楽づくりの特徴です。今回は身近なものの例として，ペットボトルを使った音楽づくりを紹介します。新聞紙や段ボールなど学校や家庭にあるものを使って応用することも可能です。

2 リトミックを生かすアイデア

① ペットボトルの面白さを発見しよう

1人1本ずつ，いろいろな形や大きさのペットボトルを用意してください。目をつぶって，ペットボトルのキャップからボトルの底まで触り，ペットボトルの素材や姿を想像します（例：ギザギザ，ボコボコ，ツルツルなど）。

次に2人1組になって，相手の背中の上でペットボトルを転がしたり，優しく押したりします。背中で触れた感触を通して，ペットボトルの素材や姿を想像し，絵や言葉で紙に書いてみましょう。書き終わったら，実際に触れたペットボトルを観察し，自分の書いたものとペットボトルの姿が合っているか答え合わせをしてください。

② ペットボトルで音を出そう

音の出し方や音色を探し，自分の好きな音の出し方をそれぞれ発表して，

全員で真似してみましょう。

〈例〉・ペットボトルを片手で持って，体の一部分と合わせて優しく叩く
　　　・ペットボトルやキャップの側面や底面を合わせて叩く／こする
　　　・ペットボトルをへこませたり，戻したりして音を出す
　　　・ペットボトルの中に鉛筆など細いものを入れ，キャップをして振る
　　　・ボコボコしたペットボトルは，棒を使ってギロのようにこする

　次に，人数を増やして音の出し方や音色を探し，発表しましょう。

〈例〉・お友達とペットボトルを合わせて叩く／こする
　　　・1人がキャップ，もう1人がボトルを持ち合わせて叩く／こする
　　　・ペットボトルをつなげて，木琴のように棒を使って叩く

　同じ音の出し方でも音の強弱や速さを工夫すると，ペットボトルの音色が大きく変化し，より音楽的な表現につながります。

③　ペットボトルの音で動いてみよう

　児童は目をつぶり，教師が鳴らすペットボトルの音を何回か聴いて，体で表現してみましょう。その際，鳴らし方の動作を真似するのではなく，音色に合った動きで表現するように心掛けてください。

　聴き終わったら目を開けて，音色に合った動きをヒントに，実際に自分のペットボトルを使って，教師がどのように鳴らしていたか想像し，試してみましょう。最後に，教師が鳴らした音の出し方と児童が想像した鳴らし方を見せ合い，答え合わせをしてください。

（佐川　静香）

53 身近なものを使った音遊び・音楽づくり②

聴き取り感じ取る要素 音色，強弱，リズム，音の重なり
学年／領域 中学年・高学年／音楽づくり

1 作品や題材などの特徴

前項での活動を生かし，今度はそれぞれの素材を使って音の対話を体験したり，つくったリズムをつなげたり重ね合わせたりしてアンサンブルをしてみましょう。

2 リトミックを生かすアイデア

① 音でお話をしよう

私たちは誰かと話をする時，「どんなリズムにしようかな」と意識しながら話はしませんが，言葉を伝える中で，話す言葉のリズムの強弱や速度，抑揚，間，などをコントロールしながら相手との掛け合いをしています。つまり，常日頃，無意識下で表現を工夫しながらリズム表現をやりとりしているのです。改めて「リズムをつくる！」となると構えてしまいがちですが，いつもの友達とのお話をする感覚で，音で会話をしてみましょう。

1）ペアを作り，声に出して対話をします。
〈例〉 A：「おはよう！」
　　　B：「おはよう！」
　　　A：「今日の休み時間，一緒に遊ぼう！」
　　　B：「いいよ！　ドッチボールをしようよ！」

速度やアクセント，声色や間の取り方などを工夫してお話をしましょう。

2）次にペットボトル，新聞紙，筆箱など各自で選んだ素材を使ってお話と同じリズムで鳴らしてみましょう。鳴らし方はいろいろなやり方を組み

合わせながら行ってみましょう。

3）次に，声を出さずに，心の中でお話をしながら素材の音だけでお話をしてみましょう。慣れてきたら，1）の行程を省き，自分たちで会話パターンを作りながら2）の活動から行ってみましょう。

② 音をつなげて遊んでみよう

1）好きな素材をそれぞれ1つ選んでクラス全員で円を作ります。1人1音ずつ，任意のタイミングで順番に音を鳴らして回していきます。次に，一定の拍の流れに合わせて，1人1回ずつ鳴らします。児童が活動に慣れるまで，教師は円の中心に立ち，身振りをしながらタイミングを示すとよいでしょう。

2）同じように1人1拍分ずつ鳴らしますが，今度は1拍の中でリズムを任意で変えられます。（♩／♫／♪♪など……）もちろん休符も選べます。

3）数人のグループを作り，2）と同じように活動します。何度か活動を繰り返し，みんなでお気に入りのリズムパターンを決めていきましょう。グループリズムパターンが決まったら，他のグループのリズムパターンと「交互に」「同時に」「ずらして」など，演奏の形を工夫しながら合わせてみましょう。いろいろな音が重なり合う，かっこいいリズムアンサンブルになるでしょうか？

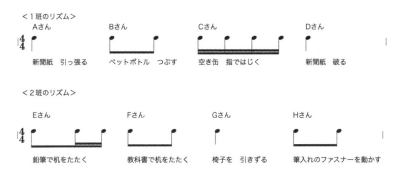

（佐藤　温子）

54 身の回りの様々な音遊び
―絵を声や楽器の音で表す―

聴き取り感じ取る要素 音色，音の重なり
学年／領域 低学年／音楽づくり

1 作品や題材などの特徴

　この題材は，絵や写真などを見て，それを声や楽器で表現するものです。使う絵や写真を増やしたり，友達と一緒に表現したりすると，自由で素敵な音楽が出来上がります。

2 リトミックを生かすアイデア

① クラス全員で絵に合う声や音を探そう

　はじめに，クラス全員で提示された絵や写真に合う声や音を探します。まずは1枚のみにしましょう。その後，見つけた声や音を使って1人ずつ音を回していく「音リレー」を行います。その際に，表現が終わったら次の友達の顔を見て合図をすることや，友達の声や音をよく聴くように促します。「友達と同じでも大丈夫です」と声をかけることで，児童は安心して学習に取り組むことができます。

② グループで絵に合う声や音を探そう
　次に，グループで活動を行います。5人程のグループをつくり，人数分の絵や写真を渡します。渡す絵や写真は全て違うものにすると，より楽しい活動になります。各自でどれを音にするのかを決めたり，どのような表現にするのかを決めたりして，グループ内で発表をします。

③ 順番を決めたり重ねたりしよう
　写真や絵を横に並べて順番に表現したり，縦に重ねて同時に音を出したりしながら，グループで1つの曲をつくります。また，曲にタイトルをつけると愛着が湧き，より楽しく表現することができます。全てのグループが完成できたら，発表会を行いましょう。自分たちのグループでは使わなかった楽器や声の出し方に出合ったり，世界で1つの素敵な音楽との出合いになったりします。

④ 指揮をして，みんなで楽しい音楽をつくろう
　いくつかの写真や絵を黒板等に掲示し，それを指し示して友達に声や楽器で表現してもらう方法もあります。「1枚だけ」「2枚同時に」「全部一緒に」など，即興的に指し示すことで，楽しい自由な音楽が出来上がります。

（房野　雄輝）

55 音やフレーズのつなげ方の面白さ
―楽器を紹介する―

聴き取り感じ取る要素 音色，リズム
学年／領域 低学年／音楽づくり，器楽

1 作品や題材などの特徴

各楽器の音色の特徴を捉え，言葉や動きで表し，捉えた特徴を言葉に表してリズムにのせて紹介します。

2 リトミックを生かすアイデア

① 楽器の名前をリズムにのせて表そう

いくつかの楽器を取り上げ，それらをリズムに当てはめて掲示します。

- タンバリン → （♩♫♩♪） ・すず→ （♩ ♩♪）
  　　　　　　　　タンバリン　　　　　　　　　　　　すず　ず
- ウッドブロック→ （♩♫♩♩） ・シンバル→ （♩♩♩♪）
  　　　　　　　　ウッドブロック　　　　　　　　　シンバル

教師の後に真似っこして唱えてみましょう。言いながら手拍子や足ぶみを加え，体全体でリズムを感じながら行いましょう。次に，教師がそれぞれの楽器を使い，上記のリズムに合わせて1つずつ演奏します。児童は音の特徴（高い，硬い，伸びる……等）を感じ取り，自分の声を使って楽器の音真似をします。

例：ウッドブロック「コッコケコッコ」　すず「リーン，リン！」等

声で表しながら，それに即した体の動きも加えてみましょう。見えて聴こえる楽器音の変換，人間楽器です。

② グループでおかざり言葉を考えよう

数人のグループを作り，上の中から楽器を1つ選びます。選んだ楽器の特徴やよさが伝わるようなオリジナルキャッチフレーズを作ります。その言葉

を4拍のリズムに当てはめて言えるように考えてみましょう。
〈例〉　シンバル　言葉→「ごうかなおとの」「はででめだつ」
　　　すず　　　言葉→「かわいいかわいい」「ちいさいおと」
　リズムが考えられたら，カードにおかざり言葉を記入しましょう。

③　カードをつなげて楽器を紹介しよう
　これまでの活動を，任意のつなげ方を考えて表していきます。各グループに4種類のカードを用意します。カードは，❶ほんものがっき❷おかざりことば❸がっきのリズム❹にんげんがっきの4種類です。カードは色分けをして，役割が分かるようにします。❶，❸，❹のカードには，あらかじめ楽器のリズムを書いておきましょう。❷は，②の活動で使ったカードです。
　並べ方を考え，つなげて表現してみましょう。

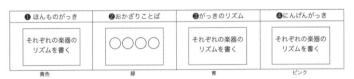

〈並べ方の例〉

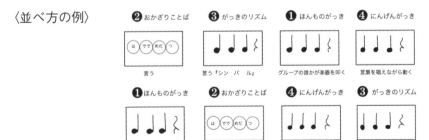

　使うカードは4種類ですが，同じ種類を複数枚使って増やしてもいいです。
（❶❶❷❶❸❹など）

（佐藤　温子）

56 即興的な音の響きや組み合わせ
―図形譜を描いて表現する―

聴き取り感じ取る要素 音色，音の重なり
学年／領域 中学年／音楽づくり

1 作品や題材などの特徴

この題材は，紙に線や図形を描き，それを声や楽器で表現するものです。自由に描いたシンプルな素材から，楽しく面白い音楽が生まれます。

2 リトミックを生かすアイデア

① 線や図形を集めよう

はじめに，紙にいろいろな線や図形を描いて，図形譜の素材集めをしましょう。書く道具（鉛筆やクレヨンなど）を変えたり，様々な色を使ったりすると，よりたくさんの素材が集まります。次に，描いた線や図形を声や楽器で表現します。まずは自分で描いたものを自分で表現します。友達同士で書いたものを共有して，表現し合うことも行いましょう。楽器を使う場合は，図形譜の線や形にふさわしい音が出る楽器を選ぶようにしましょう。

② 友達と図形譜を描こう

2人から3人程のグループになって，1枚の紙に図形譜を描きます。紙は横長に使い，縦を「音の高さ」，横を「時間の流れ」にします。ホワイトボードや電子黒板，タブレット端末等の作画機能を用いると，描いたり消したりしやすいので取り組みやすくなります。図形譜が書けたら，それを見ながら声や楽器で表現します。これらの活動に慣れてきたら，表情や体の動きも付けてみましょう。楽しい自由な音楽が出来上がります。

③ 線や図形の例

④ ワークシートの例

予想される児童の表現方法
【児童1】ゆらゆらした形の線や「○」「・・・」を，高い声や面白い声で表現する。
【児童2】大きな山のような形をしているので，力強い声で表現する。
【児童3】他の児童よりも少し遅れて入り，ガタゴトした山道を走っているようなイメージで，声や体の動きで表現する。

　これらの活動に入る前に，Chrome Music Lab の「KANDINSKY」を用いて線や図形が音になる経験をすることも，授業を進める上で有効です。

（房野　雄輝）

57 思いや意図をもった音やフレーズのつなげ方 ―3つの音を使って―

聴き取り感じ取る要素　旋律，反復，呼びかけとこたえ
学年／領域　中学年／音楽づくり

1　作品や題材などの特徴

　リコーダーを使い，「ソ」「ラ」「シ」の3音を組み合わせてつなげ，音楽をつくります。導入で視覚・聴覚を使った3音のゲームを行い，様々な音の形を体験したのちに音楽づくりへとつなげていきます。

2　リトミックを生かすアイデア

① ♩♩♩のリズムを使ってボディーサインクイズをしよう

　教師あるいはリーダーが示した「ソ」「ラ」「シ」3音のボディーサインの組み合わせを観察し，その組み合わせ通りにリコーダーで再現します。慣れてきたら，ペアやグループになって，お互いに問題を出し合いましょう。

② カードと音をマッチングさせよう

　黒板等に〈組み合わせ例〉で示したようなカードを掲示します。教師あるいはリーダーが演奏した3音の組み合わせを聴き，どのイラストと同じ形だったかを考えてみましょう。同じ音？　下がる？　Vの字？　同じリズムを使った3音の組み合わせでも様々な種類があることに気付きます。

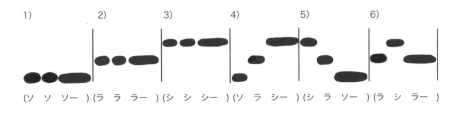

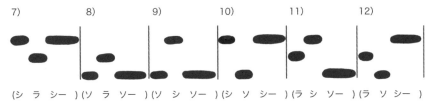

〈組み合わせ例〉

③ カードを組み合わせて音をつなげよう

　それぞれ任意のカードを２つ（２小節分）選び，リコーダーで演奏してみましょう。同じものを２回繰り返しても構いません。様々な組み合わせを試してみましょう。　　　　　例：2）と5）→ ラララー｜シラソー

　次に，ペアあるいはグループになって選んだ音をつなげて演奏しましょう。音の形の特徴を考え，どのようにつなげるのがよいか考えましょう。

〈４人グループの例〉

　「Ｂさんの２枚目のカードは最後の音が下がるから終わる感じがするね」

　「カードの最後の音と最初の音を同じ音にして，しりとりみたいにしたらおもしろそうだね」

　ソソソー｜ラララー　→ ラシソー｜ラシラー　→ ララソー……

Aさん	Bさん	Cさん	Dさん
ソソソー｜ラシラー	ラララー｜シラソー	ソソソー｜ラララー	ラシソー｜ラシラー

（佐藤　温子）

58 即興的な音の響きや組み合わせ
―美味しそうなリズムアンサンブルをつくる―

聴き取り感じ取る要素 リズム，拍，音の重なり，呼びかけとこたえ
学年／領域 高学年／音楽づくり

1 作品や題材などの特徴

　この題材は，家庭科の「調理の基礎」の学習との関連を図り，食材や料理，飲み物などの名称を使ってリズムアンサンブルをつくるものです。いろいろな名称や，それに合う言葉を並べたり重ねたりしながら音楽づくりをすると，楽しく美味しそうな音楽が出来上がります。

2 リトミックを生かすアイデア

① 「食材」「料理」「飲み物」に合う言葉を見付けよう

　はじめに，「呼びかけとこたえ」の要素を用いて言葉遊びをします。クラスの中から「呼びかけ役」の児童を1人決め，その他の児童は「こたえの役」になります。呼びかけ役の児童は食材などの名称を1つ言い，こたえの役の児童は，その名称に関連する言葉を言います。この時点では，無拍節でも構いません。慣れてきたら，1人ずつ順番に呼びかけ役になったり，こたえの言葉に動きをつけたりすると，より楽しい活動になります。

② 美味しそうなリズムアンサンブルをつくろう

　音楽の要素を用いてリズムアンサンブルをつくります。参考として，2つの例を紹介します。この他にも，即興的にオノマトペを加えたり，間を空ける部分を入れたりするなどの工夫もできます。このように音楽の要素を加えて料理をすると，美味しそうなリズムアンサンブルが出来上がります。

【拍＋呼びかけとこたえ】
　下のパートが「呼びかけ」です。上のパートは呼びかけの言葉の後に「こたえる」ようになっています。

【拍＋オスティナート（同じ音型のくり返し）】
　下のパートが「オスティナート」です。上のパートはオスティナートの伴奏の上に言葉を重ねます。

　「文房具」や「乗り物」，「日常生活の中の音」や「自然の中の音」などをテーマにしても，楽しくリズムアンサンブルをつくることができます。

(房野　雄輝)

59 思いや意図をもった音やフレーズの つなげ方や重ね方―ブルース風―

聴き取り感じ取る要素　旋律，リズム
学年／領域　高学年／音楽づくり

1　作品や題材などの特徴

　ブルースというと難しそうなイメージがありますが，基本は音遊びです。即興的に演奏し，試行錯誤しながらアイデアを膨らませ，自分の思いを形づくっていきましょう。ここでは，ブルースの特徴である「マイナーブルーススケール（譜例1参照）」「シャッフルビート」「12小節でワンコーラス」の要素を用いて音楽づくりの例を紹介します。

〈譜例1〉
使う音　　ラ　　ド　　レ　　♭ミ　　ミ　　ソ
（ラが中心の音である場合）

2　リトミックを生かすアイデア

① シャッフルのリズムを唱えよう

　ブルースの音楽の多くはシャッフルフルビート（♫ = ♪♪）が使われ，特に八分音符を「タカ」ではなく「タッカ」と弾ませる感じで読みます（「うさぎとかめ」の"もっしもっしかっめよー"のリズムなどがわかりやすい例です）。教師は次のA〜Hのリズムを選び，リズム唱します。児童は，教師のリズム模唱をしましょう。慣れてきたら，児童にリーダーを担当してもらったり，ビートを足で鳴らしながら手拍子で表したりなどして，いろいろなやり方でシャッフルビートを体に馴染ませていきましょう。既存の曲をシャッフルビートに置き換えて歌う活動もおすすめです。「ビリーブ」「春がきた」「もみじ」などいろいろな曲をタッカのリズムで歌ってみてください。

QR1 音源
QR2 音源
QR3 ワーク，資料
ユーザー名：362714
PW：rhythm

A) ♩ ♩ ♩ 𝄽	B) ♩ ♫ ♩	C) ♩ 𝄽 ♩ 𝄽	D) ♫ ♩ ♫ ♩
パン パン パン	パン パッカ パン	パン パン	パッカ パン パッカ パン
E) ♫ ♫ ♩ ♩	F) ♫ ♩ 𝄽	G) 𝅗𝅥 ♫ ♩	H) ♩ ♩ 𝄽
パッカ パッカ パン パン	パッカ パン	バー アー パッカ パン	バー アー パン

② リズムに音をあてはめ，即興的に演奏しよう

　①の活動を経て，今度は上のリズム群から任意のものを選び，ブルーススケールの音を自由に当てはめ，鍵盤ハーモニカなどの楽器で演奏してみましょう。音を掴むのが難しい児童には，使用音にシールを貼り，使える音を視覚化するとよいです。演奏は，スケールの隣の音に進むことでブルースの感じが表れます。慣れてきたら，2人で交互に演奏したり，数人でリレー奏をしたりなど，発展させていきましょう。

③ 「12小節でワンコーラス」の形に沿って演奏しよう

　1小節単位でのアイデアピースを創る体験を経て，いよいよ12小節ワンコーラスの形に沿って作品づくりです。1人でつくることもできますが，2人以上で行うことで音の重ね方などのヴァリエーションが増えます。QR3のワークシートを参考にしてつくってみましょう。音の強弱やニュアンス（弾む・なめらか）などを加えてみるとさらに表情豊かな演奏になるでしょう。伴奏例は，1小節ごとに1つのコードで演奏します。下記のコードを弾いてみてください。

1小節目	2小節目	3小節目	4小節目
A	D	A	A
5小節目	6小節目	7小節目	8小節目
D	D	A	A
9小節目	10小節目	11小節目	12小節目
E	D	A	A

A→（ラ・♯ド・ミ）
D→（レ・♯ファ・ラ）
E→（ミ・♯ソ・シ）
伴奏例はQR1，2の音源及びQR3の資料を参考にしてください。

（佐藤　温子）

60 音の風景
―素敵な音を聴き取ったり組み合わせたりする―

聴き取り感じ取る要素　音色，リズム，強弱，音の重なり，変化
学年／領域　全学年／鑑賞，音楽づくり

1　作品や題材などの特徴

　私たちの周りには絶えず様々な音が溢れています。しかし，私たちの耳に届く「聞こえている音」全てが，音として意識して捉えた「聴いている音」とは限りません。ここでは，私たちの普段生活している風景の中に存在している音に着目し，集中して聴くことで改めて「聴いた音」に対して価値づけをし，それらを聴く中で感じるイメージを言語や動きに変換しながら表現する活動，またそれらの発展方法を紹介します。

2　リトミックを生かすアイデア

① 音の風景を切り取ろう

　まずは教室や音楽室でクラス全員で行います。1分間，目を閉じて音をよく聴き，様々な音を見つけるよう促します。目を閉じることによって視覚情報が遮断され，聴く活動により集中できます。児童が音を聴いている時，教師は端末等でその1分間を録音しておきましょう。1分後，それぞれが聴き取った音を発表してもらいます。全員が共通して気付いた音，ごく少数しか聴こえなかった音，音程があるもの，リズミカルな機械音等……共有していく中で，きっと自分だけでは聴き取れなかった様々な音があることに気付きます。その後，改めて録音しておいた音をみんなで聴いて確かめましょう。

　全体活動を経て，今度はペアや少人数グループを作り，校舎内や構内を探検します。適宜立ち止まり，耳を澄まして素敵な音の風景ポイントを探しましょう。お気に入りの音風景を見つけたら，ボイスメモやロイロノートなど

のアプリを使って端末で30秒程度録音をします。その時に次のようなルールのもとで行いましょう。

・録音中は自分たちで故意に音を立てないよう留意する
・録音している間は自分たちも目を閉じ，音の風景を味わう
・音風景をいくつか録音した中で，最終的にお気に入りを１つ選ぶ

② 切り取った音の風景を共有しよう，変換して表そう

　風景の切り取りが終わったら，それぞれのグループが選んだ音をみんなで聴いてみましょう。どんな場所を切り取ったのかをクイズにして他のグループに答えてもらったり，タイトルを付けてもらったりしましょう。

　また１つの音風景を何度か繰り返し聴き，ある程度特徴を捉えられたら，その中で印象に残った音を即興的に体で表してみましょう。本来見えないはずの音が，動きへと変換され，新たな形の音風景に生まれ変わります。

　全体で鑑賞する時は，端末をスピーカーなどに接続し，細部の音まで聴こえるような場の設定をするとよいでしょう。

【発展】

　切り取った音風景の一部をさらにトリミングして，短い素材としましょう。他のグループの音素材と重ねて再生したり，タイミングを熟考して繰り返し鳴らしたりしてみましょう。例えば，給食室の前で録った音風景と体育館で録った音風景を重ね，通常ではあり得ない風景のフュージョンを楽しむこともできます。端末の使い方に慣れている場合は，実態に応じて GarageBand 等のアプリを使って編集することもできます。素材をつなぎ合わせ，新しい作品へと創り変えることもできます。

　私たちの身の周りには素敵な音がいっぱい溢れています。それらの音に気付くこと，音そのものに興味をもつことがまずは大切な第一歩です。

（佐藤　温子）

Chapter2　リトミックでつくる音楽授業アイデア73

61 「くるみ割り人形」から「行進曲」
―聴いて動いて描く―

聴き取り感じ取る要素	拍（4拍子），リズム
学年／領域	低学年／鑑賞
作詞／作曲	チャイコフスキー作曲

1 作品や題材などの特徴

「くるみ割り人形」はチャイコフスキー（1840-1893）が作曲したバレエ音楽です。バレエは全2幕で，その中に5曲の楽曲があります。「行進曲」は第2曲で，物語をワクワクと想像させる4拍子の88小節の音楽です。

2 リトミックを生かすアイデア

この作品には管楽器と弦楽器の呼びかけあいや，テーマのリズムパターンの反復，形式等，様々な音楽的特徴を体を動かす活動を取り入れて体験することができますが，ここでは，さらに読譜につながる活動を紹介します。

① 聴いてみよう〜発見タイム　クイズ形式で想像して考えさせる〜

どんな楽器が聞こえてくるか？　誰がどんなところで行進しているのか？　拍子は？　よく聞こえてくるリズムやメロディは？　目を閉じて想像して聴いてみましょう。

② 聴きながら動いてみよう　その1〜音色や曲想を聴きわけて〜

指揮者のように拍子の指揮をしたり，音色によって動かす腕（左右）を変えてみたり，演奏者のようにテーマのトランペットの吹くまねをしたりしましょう。

③ 聴きながら動いてみよう　その2～行進曲をイメージして～
　教室を歩いたり，2本の指を人形の足のようにして，机の上や自分の腕の上で動かしたりしましょう。フレーズごとに方向を変えることもできます。中間部は嵐が吹いたような感じで走り回ることもできます。

④ 五線譜の上の〇を指で歩いてみよう（QR1）
　1小節の中に4つの〇を書いた五線譜を使います。4拍子を表している楽譜です（QRコードのワークシートをプリントして使ってください）。音楽を聴きながら実際に教室を歩いたように，今度は五線譜の紙面上の〇を指タッチして進んでいきます。読譜と記譜の導入です。

⑤ 音楽を描いてみよう（QR1）
　音楽を聴きながら自由に絵楽譜を描いてみましょう。
　小節線を区切った五線譜上に線や形で音楽の流れを描いてみましょう。
　QRコードに絵楽譜の例をつけたので参考にしてください。

⑥ 自分の絵楽譜を読んでみよう
　自分で描いたものを，音楽を聴きながら読んでみましょう。指でたどりながら触覚と視覚と聴覚で音楽を捉えます。

⑦ 描いた絵楽譜の展覧会をしてみよう
　いろいろな絵楽譜を友達同士で見合い，読み合うこともとても大切です。

（井上　恵理）

62 「おどるこねこ」
—音色と拍子の特徴と関わらせて聴く—

聴き取り感じ取る要素　旋律，音色，拍
学年／領域　低学年／鑑賞
作詞／作曲　アンダソン作曲

1　作品や題材などの特徴

「おどるこねこ」は作曲家が1935年からボストン・ポップス管弦楽団のアレンジャーになり，同楽団のためにつくられた楽曲の１つです。曲中にバイオリンのポルタメント奏法による猫の鳴き声が何度も登場し，３拍子のなかで滑らかな部分や歯切れのよい，活発な部分もあり，曲想の変化も楽しめます。

2　リトミックを生かすアイデア

① 音色を感じて

まずは，猫の鳴き声について探ってみましょう。
1）怒った猫　　　「しゃーーーー！！！」（子音だけを使った声で）
2）眠そうな猫　　「むにゃ〜〜〜ん」（静かな落ち着いた声で）
3）遊んでいる猫　「にゃっ♪ にゃにゃっ♪」（楽しそうな声で）
4）怖そうな猫　　「にやあああぁぁぁ・・・」（暗めな声で）

鳴き声を実際に声に出してみましょう。想像して声を出す活動は，案外自然にできることが多いです。ここでイメージと自分の声の音色に気付かせましょう。

次に，曲に使われる猫の鳴き声を表すバイオリンの音に合う猫の声に合わせて手招きする動きで表現してみましょう。最後にペア活動で音が聴こえたらお友達の背中や肩を触りながら表現してみましょう。バイオリンのポルタメント奏法による特徴のある音色を感じることができます。

② 拍の流れを感じて

　今度は，３拍子の特徴を生かした活動を行っていきます。はじめにクラスで５～６人リーダーを決めましょう。

〈滑らかな３拍子（ト長調 / 冒頭部分と後半部分）〉

１）３拍分を１歩にまとめて，大らかに歩いてみましょう。

２）そして，猫の声が聴こえたときにリーダーは友達に向かって手招き猫になりましょう。

３）手招きされた友達はリーダーの後ろについてつながっていきます。

〈歯切れのよい活発な３拍子（ト長調 / 前半部分・ハ長調 / 中間部分）〉

・「３拍分をスキップ１回＋３拍分を１歩」のリズムで歩いてみましょう。

【発展】笛のような音が聴こえたときに全員でジャンプに挑戦するなどしてみるのもよいです。

〈コーダ（最後の部分）〉

　ほとんどの演奏音源には，犬の鳴き声が聴こえてきます。使用する音源にそのような音が入っていない場合は，最後に差し掛かる重要な音なので是非児童や教師が吠えてみてください。

１）犬の鳴き声が聴こえたら，動きをストップしてみましょう。

２）最後の音に合わせて自分の席に戻ってきましょう。

　拍子の特徴から拍の頭をはっきりさせる必要がありますので，毎回足の踏み込みが甘くならないようにアドバイスしましょう。また，弱拍の部分で脱力していることも大切です。全体を通して表現できると大変よいですが，部分ごとに表現して，同じ拍子の中でも違いを見つけられるとよいです。

（岸田　衛）

63 「シンコペーテッドクロック」「ゆかいな時計」—音色に着目して聴く—

聴き取り感じ取る要素	音色, リズム
学年／領域	低学年／鑑賞
作詞／作曲	アンダソン作曲

1 作品や題材などの特徴

　この曲では,時計の音のような楽器が2つ登場します。秒針を表すウッドブロックの速さは常に一定ではなく,ときおり速さにずれが生じています。

　また,途中で出てくるトライアングルの音色は,目覚まし時計のベルのような音で,とても愉快です。2つの音色に着目して,時計のお話がどのように展開されているか想像しながら鑑賞しましょう。

2 リトミックを生かすアイデア

① ウッドブロックの音と体の動きを合わせてみよう

　はじめに,教師または児童がウッドブロックを打ち,音の速さに合わせて歩いてください。その際,ただ音に合わせて歩くのではなく,音色に合った歩き方をするように声がけをしてください(例:かかとで歩く,肩を上げたり下げたりしながら歩く,音楽隊のように歩くなど)。

　歩く活動を通して,秒針の速さは一定だということに気が付いたら,今度はウッドブロックの速さを時々速くしたり遅くしたりして,再び元の速さに戻します。児童は,ウッドブロックの音が一定ではなくなる瞬間をよく聴き,ウッドブロックの速さに合わせて歩いたり動いたりしてみましょう。

　もし,教室内を歩くことが難しい場合は,椅子に座って足踏みをしたり,両手を使って,片手ずつ交互に机の上を優しく叩いたりと,状況に応じたやり方に変えてください。

② トライアングルの音と声を合わせてみよう

　目覚まし時計にはどのような音があるか，オノマトペを使って表現します。（例：ジリリリ，ピーピー，ブーブー，ピヨピヨ，ブルルルなど）

　次に，教師がトライアングルをトレモロ（トライアングルの角を使って細かく鳴らす方法）で打ち，児童は先ほど話し合ったオノマトペの中で，どれがふさわしいか考えてみましょう。そして，トライアングルの音に合わせて声を出しながら身体表現をします（例：腕を振る，片足をあげてぶらぶらする，頭を細かく振るなど）。

　その際，教師はトライアングルのトレモロの長さを，短くしたり長くしたりすることで，児童は聴こえた音に対して即時に反応する面白さを感じ取ることができます。

③　2つの楽器の音色の違いを聴きとろう

　椅子に座った状態で，「シンコペーテッドクロック」を鑑賞し，ウッドブロックとトライアングルの音色の違いを体や声で表現してみましょう。
〈例〉・ウッドブロックの音→片手ずつ机の上を指で叩く
　　　・トライアングルの音→体を左右に細かく揺らす

　次に，児童が2種類の中から取り組みたい楽器を選んで，ウッドブロックとトライングルの役割を分担して行います。その際，ウッドブロックチームとトライアングルチーム内の児童同士で話し合って，みんなで動きを統一してもいいですし，1人1人が自由に動いても構いません。

　大切なことは，鑑賞の中で自分の担当する音に気付いて音色に合わせて動くことですので，音楽をしっかり聴くように声がけをしてください。

（佐川　静香）

「トルコ行進曲」
—旋律と強弱を関わらせて聴く—

聴き取り感じ取る要素 旋律，強弱，反復
学年／領域 低学年・中学年／鑑賞
作詞／作曲 ベートーベン作曲

1 作品や題材などの特徴

「トルコ行進曲」は，オスマン帝国の軍楽隊の音楽の影響で作曲された行進曲です。オスマン帝国は行軍の時にメフテルと呼ばれる軍楽隊を引き連れていくことが多く，その独自のリズムとメロディーは西洋の音楽家に大きな影響力を与えたといわれています。ここでは，2つの特徴ある旋律をいろいろな表現で気付くことができる活動を紹介します。

2 リトミックを生かすアイデア

① 行進曲のリズムを使って―その1―

まずは，行進曲の特徴である下の楽譜をたん（○）とうん（◆）で声に出して読んでみましょう。次に手拍子だけでリズム打ちを行います。近くの友達とハイタッチをしてみてもよいです。次に，たん（まるがあるところでジャンプして進んでみましょう。最後の休符で友達の名前を指導者が呼んであげましょう。呼ばれた児童はジャンプをして繰り返し活動を行っていきます。子ども同士でパスしてフレーズのキャッチボールをしてもよいです。2拍子のリズムやリズムが反復されていることに気付くことができます。

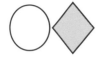 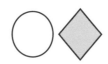  

② 行進曲のリズムを使って―その２―

　楽曲の29小節目から登場するリズムに合わせて下の図をたん（○）とうん（◆）で読んでみましょう。次に１人での手拍子，近くの友達とたんの時にハイタッチするなどでリズムの確認をしましょう。次に，強弱を意識して練習してみましょう。図の大きさ（強さ）に従って強いところは手拍子，弱いところは指タッチで表現してみます。強さと動きが一致しているか子どもたちの様子をよく観察しましょう。

③ 行進曲のリズムを使ったまとめ

　それでは①と②の活動をまとめて一緒に行いましょう。①で大切なことは，フレーズを回してリズムが反復していること，②で大切なことは，強弱による変化です。また，この楽曲では２拍子で拍の流れが早いため，行進していくイメージを大切にして聴いて，表現できるとよいです。

　①の時には，どのような順番で回すか，先生の即時的な判断も必要です。そして何より，次のリズム打ちをする子どもの名前を呼ぶ時には少し手前で声をかけることに気を付けてみてください。

　②の時には，直前に大きな声で「みんなで」と声をかけて全員で取り組んでみてください。曲の中で①と②はどのように構成されているかを感じることができるだけではなく，友達と楽しく関われることができます。

※様々な演奏がありますので，速度が落ち着いていて体を動かしやすい練習用音源を用意しました。（QR１，２，３）

（岸田　衛）

65 「アルルの女」第1組曲から「鐘」

―鐘の音と拍子を感じて聴く―

聴き取り感じ取る要素	反復,強弱,音の重なり,拍(拍子)
学年／領域	中学年／鑑賞
作詞／作曲	ビゼー作曲

1 作品や題材などの特徴

　この曲は,3拍子に合わせて鐘の音を3つの音で表現し,何度も繰り返されることが特徴的です。また中間部では,鐘の音が消えて,ゆったり揺れるような8分の6拍子に変化し,落ち着いた雰囲気になります。青空に鳴り響く鐘と共に,みんなで楽しくお祝いをするような華やかな音楽です。

2 リトミックを生かすアイデア

① 鐘の音の変化を感じて聴いてみよう

　A4の白い紙に,3つの鐘のイラストを描きましょう。鐘の大きさは自由ですが,音楽の中で聴こえてくる鐘の音の高さと,児童が描く3つの鐘の位置が合致していると,より音が視覚化されます。

3つの鐘のイラスト例

イラストが完成したら，「鐘」の音楽を聴き，指を使って１つ目の鐘から順に指します。鐘の音の強さをよく聴き，指の動きも強弱の変化に合わせてください。鐘の音が消える中間部では，両手で紙をもち，８分の６拍子を感じて上下左右に紙を揺らすなど，自由に表現してください。そして，再び鐘の音が聴こえ始めたら，先ほどと同様に鐘を順に指します。

② 拍子の変化を感じて聴いてみよう（QR１）

「鐘」の音楽を聴きながら，拍に合わせて教室内を歩きます。３拍子をしっかり感じ取りながら歩き，１拍目で右手か左手の片方を小さく振って，鐘を鳴らす動作をします。長い時間，同じ手を動かしていると疲れてしまうので，動かす手は時々変えてください。

曲の途中で，教師が３拍目に「チェンジ」と言い，手と足の動きを逆にします（手で鐘の動きを３拍分行い，足は１拍目だけを歩きます）。慣れてきたら，教師は，「チェンジ」の回数を少しずつ増やして，児童は足と手の動きを即時に切り替えてください。また，音楽の強弱に合わせて，歩く

１，２，３と拍を歩きながら，１拍目では手を振る

鐘の動きと２人組の動き　例

歩幅や鐘を鳴らす動作の大きさも変化させましょう。

鐘の音が消える中間部（８分の６拍子）では，その場で２人組になり，両手をつなぎながら体を左右に揺らし，拍子の変化を感じてください。その際，３拍で１つのまとまりになるように感じながら揺れてください。再び音楽が戻ったら，つないでいた両手を離して，再び鐘の動作をしながら歩いてください（QR１を読み取り，動画を参照してください）。

（佐川　静香）

66 「白鳥」
―旋律の美しさを味わう―

聴き取り感じ取る要素 音色，旋律，音の重なり
学年／領域 中学年／鑑賞
作詞／作曲 サン・サーンス作曲

1 作品や題材などの特徴

「白鳥」はフランスの音楽家サン・サーンス（1835-1921）が作曲しました。組曲「動物の謝肉祭」の1曲で，白鳥を思い描けるチェロと湖面のさざ波がイメージできるピアノ2台による3分間ほどの美しい作品です。

2 リトミックを生かすアイデア

「白鳥」を聴いて，児童がチェロとピアノが関わり合っていることや，優雅な旋律の動きの特徴を捉えてから行うとよい活動を紹介します。

① 図形楽譜をなぞって旋律線の特徴を感じよう

次のページの図形楽譜を紙の上で指でなぞったり，大画面に映して空中でなぞったりします。作品の曲想と構成を実感できます。紙の上でなぞる時は，拡大コピーをしてお使いください。

② 旋律の動きに沿って腕を動かそう

チェロの旋律の上下に合わせて，白鳥が羽を上下させるように動きます。音の上下と曲想に応じた動きにより作品の美しさを味わえます。

③ 曲想に合わせて自由に動こう

発展として，バレエ「瀕死の白鳥」を視聴して，曲想に合わせて動く活動を行ってみてください。一層音楽を体で感じることができます。

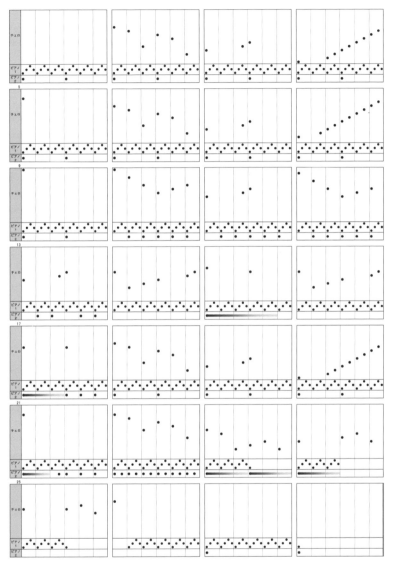

※本稿は，井上恵理・酒井美恵子著『動いてノッて子どもも熱中！リトミックでつくる楽しい音楽授業』（明治図書出版，2012）をもとに構成しました。

（酒井　美恵子）

67 「山の魔王の宮殿にて」
―曲想を感じとる―

聴き取り感じ取る要素　旋律，リズム，反復，速度，強弱
学年／領域　中学年／鑑賞
作詞／作曲　グリーグ作曲

1 作品や題材などの特徴

　この曲はノルウェーのグリーグ（1843-1907）が，イプセン（1828-1906）の「ペール・ギュント」という戯曲のために作曲しました。自由奔放なペール・ギュントが旅に出て年老いて帰ってくるまでの物語に音楽をつけたものです。「山の魔王の宮殿にて」は，不思議で怪し気な空間を，不安気に歩き回る様子，緊張感，気持ちの高ぶりが，モティーフの反復（19回反復されます）と，強弱と速さのエネルギーが徐々に大きく変化していく音楽の中で感じられます。

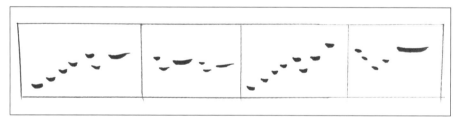

テーマのモティーフ

2 リトミックを生かすアイデア

　体を動かす活動を効果的にするために，しばしば，「もの」を活用します。ボール，ゴム，紐，布など，音楽の特徴をより感じやすく，また，音楽イメージをより感じやすくするための「もの」の活用です。
　この作品では新聞紙を用いた活動を紹介します。

① 反復されるテーマを聴いてみよう
　最初は低音域のファゴットで始まり，いろいろな楽器で受け渡され，音色が変化し，強弱と速さが変化します。テーマの反復の回数をカウントするのも，集中して聴くための方法になります。

② 新聞紙を使って音楽と一緒に動いてみよう
　1人1枚，新聞紙を広げて，顔や体を隠すようにします。音楽を聴きながらそっと歩いてみましょう。1拍ごとでも2拍ごとでもいいです。フレーズの最後で新聞紙から顔を出し，周りを見たり，近づいた誰かと目を合わせたりしてみましょう。なるべく広い空間で，隅から探検するようにすると曲想を感じられます。最後の部分は新聞紙をマントのようにして動かし，曲のエネルギーのクライマックスを体感しましょう。

（井上　恵理）

68 「つるぎのまい」
―楽器の音色や曲想の変化を味わいながら聴く―

聴き取り感じ取る要素 音色，旋律，強弱，呼びかけとこたえ，反復
学年／領域 高学年／鑑賞
作詞／作曲 ハチャトゥリアン作曲

1 作品や題材などの特徴

「つるぎのまい」は，ハチャトゥリアン作曲のバレエ「ガイーヌ」の中の1曲で，A－B－A'の3部形式で構成されています。シロフォンによって演奏される軽快な旋律や，活発なAの部分と穏やかなBの部分との対比，様々な楽器が登場することなどがこの作品の特徴です。ここでは，楽器の音色の特徴や曲想の変化を味わいながら，楽しく鑑賞できるようにしましょう。

2 リトミックを生かすアイデア

① 「つるぎのまい」のイメージをもとう

はじめに，「つるぎのまい」のタイトルのみを提示し，このタイトルに対するイメージを膨らませます。教師は，児童が自由にイメージを膨らませることができるように，ここではあえて「どんな感じの曲だと思いますか」などといろいろな発言ができる発問をするようにしましょう。

次に，声や体をつかってイメージを1人で表現します（例：剣を振りかざす動きをしながら，声で「シュッ！」と効果音をつける）。その際に，「どんな表現でも大丈夫です」などと声をかけて，児童全員が活動しやすい雰囲気をつくるようにします。また，友達に動きを見せて，想像した音を当ててもらうクイズのような活動を取り入れると，イメージがより明確になります。

最後に，「つるぎのまい」の演奏を聴き，自分のイメージとの答え合わせをしてみましょう。友達同士で意見を共有する活動を取り入れると，表現に対する学びが深まります。

② 「つるぎのまい」の音楽に合わせて動こう

　イメージをもとにして生まれた動きを,「つるぎのまい」の音楽に合わせて表現します。この曲の中には,「シロフォンで演奏される軽快な旋律」,「金管楽器で演奏される合いの手」,「弦楽器やサックスで演奏される穏やかな旋律」など,特徴ある旋律や音形がいくつも出てきます。これらの中から自分の動きに合うものを見付けて,表現をするようにします。①の活動で,児童は「つるぎのまい」のタイトルからイメージを膨らませているので,中間部の穏やかな曲想の場面に合う動きがないことも考えられます。その際は,「剣を置いて休んでみましょう」や「ここはどのように動きましょうか」などと声をかけて,児童が即興的に動きを考えるようにします。

　音楽に合わせて動くことに慣れてきたら,5人程のグループで音楽を表現する活動を取り入れてみましょう。グループで話し合ったり,注意深く聴いたりしながら動き方を決めることによって,「つるぎのまい」に対する新たな気付きを得ることができます。これらの活動を通して,楽器の音色や曲想の変化を味わいながら聴く力が身に付きます。

③　日常生活の動きを取り入れてみよう

　日常生活の動き（例：料理,掃除,走っている様子など）を取り入れて表現することもできます。今回は「料理」をテーマにした動きの例を紹介します。なお,このような動きを取り入れる際は,動く楽しさが先行してしまわないように,常に音楽を意識できるような声かけを行いましょう。

【シロフォンで演奏する旋律】

【中間部の穏やかな旋律】

（房野　雄輝）

69 日本の民謡
―成り立ちや旋律とリズムの特徴等を捉えて聴く―

聴き取り感じ取る要素　音色，旋律，拍，リズム
学年／領域　高学年／鑑賞

1 作品や題材などの特徴

　民謡は人々の営みから生まれた歌です。国立歴史民俗博物館の「日本民謡データベース」では，民謡を次の8つに分類しています。「労作歌」「祭り歌」「踊り歌」「座興歌」「語り物」「子守歌」「わらべ歌」「アイヌの歌」です。

　民謡のリズムの特徴として，拍にのったリズムと拍のない自由リズムの民謡があります。歌い方では，母音を伸ばして歌う産字，「ハイーハイ」などの囃子言葉があり，形式では，リーダーが歌った後に一同が歌う音頭一同形式などの多様な特徴があります。使われる楽器に着目しても魅力的です。

　知れば知るほど，民謡は人々がみんなでよりよい生活をするために歌われ，大切に伝承されてきた音楽であることが実感できます。

　ここでは，文化デジタルライブラリーの「祭りと民謡」のコーナー（右QRコード，下URL）を教材として，民謡の特徴を捉える活動を紹介します。

文化デジタルライブラリー
「祭りと民謡」

https://www2.ntj.jac.go.jp/dglib/contents/learn/edc6/edc_new/html/matsuri.html

2 リトミックを生かすアイデア

　文化デジタルライブラリーの「祭りと民謡」では，23の祭りと民謡の音源を聴くことができます。いずれも30秒程度から2分以内の短い音源です。

① 花笠音頭（山形県民謡，踊り歌）で踊りを考えよう

> めでた　めでたの　わかまつさまよ　えだも（チョイチョイ）
> さかえて　はもしげる（ハァ　ヤッショ　マカショ
> シャンシャンシャン）

　繰り返される楽器の合奏や特徴的な「シャンシャンシャン」などの囃子言葉を手掛かりに，オリジナルの踊りを考えましょう。手踊りですと座ったまま動くことができます。

② 長持歌（宮崎県民謡，祝い歌）を聴いて，自由リズムを捉えよう

> ハー　今日はな　日もよし（ハイ）ハー　天気もよいし（ハイ）
> 結びな　合わせてよ　ハー　縁となるだエー

　歌を聴きながら，線を描いてみましょう。一息の中に，強弱や高低など，豊かに声の音色や味わいが変化し，花嫁行列をお祝いする気持ちが歌に表現されていることが感じられます。

　その他に，「ソーラン節」でニシンを引き上げる動作をしながら聴いたり，特徴的な楽器の演奏をまねながら「コキリコ節」を味わったりするなど，多様な学習が展開できます。児童がグループ活動でタブレットを活用して，背景を調べながら動きを考えるなどの学習を取り入れて，児童が民謡の背景に興味をもったり，歌の特徴を味わったりできるよう展開してください。

（酒井　美恵子）

Chapter2　リトミックでつくる音楽授業アイデア73　　133

70 「春の海」
—曲のよさを味わい，情景を想像しながら聴く—

聴き取り感じ取る要素	音色，旋律，フレーズ，反復，変化
学年／領域	高学年／鑑賞
作詞／作曲	宮城　道雄作曲

1　作品や題材などの特徴

　「春の海」は，春の瀬戸内海の様子を表した作品で，Ａ－Ｂ－Ａの３部形式で構成されています。箏と尺八の二重奏が有名ですが，ピアノとヴァイオリン，ハープとフルートなどの西洋楽器で演奏されることもあります。ここでは，曲の旋律を歌ったり，楽器の音色を体で表現したりします。情景を思い浮かべたり，曲のよさを味わったりしながら鑑賞できるようにしましょう。

2　リトミックを生かすアイデア

①　曲の旋律を歌おう

　はじめに，「春の海」のＡの部分とＢの部分の旋律（どちらの部分も冒頭のみ）を聴いて，「ラララ」や「テンテン」などの歌いやすい言葉で歌えるようにしましょう。教師が先に歌い，それを児童が模倣するようにすると，覚えて歌いやすくなります。また，箏と尺八それぞれの旋律の動きに合わせながら，手や腕で空中に旋律の線を描くようにしながら歌うことも有効です。旋律の流れが視覚的にも分かりやすくなるため，より歌いやすくなります。

②　箏と尺八の演奏をまねしてみよう

　「春の海」の演奏の映像を見ながら，箏と尺八を演奏するまねをしてみましょう。その際，ただ体を動かすだけではなく，音楽をよく聴くように声をかけます。慣れてきたら，映像を見ずに旋律を口ずさみながらまねをしたり，曲想に合った顔の表情を考えて表現に加えたりしてみましょう。

③ 「春の海」のイメージに合ったジェスチャーを考えよう
　箏と尺八の音色や，曲の旋律のイメージに合ったジェスチャーを考えます。児童がよりイメージを膨らませることができるように，春の瀬戸内海の画像などを用いた視覚的なサポートも，授業を進める上で有効です。

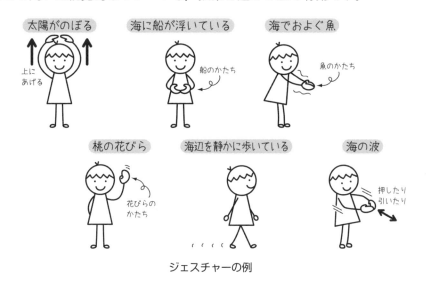

ジェスチャーの例

④ 「春の海」の音楽に合わせて表現しよう
　考えたジェスチャーを使って「春の海」の演奏に合わせて表現をしましょう。はじめは，①と②の活動のように，ＡとＢいずれも冒頭部分のみを表現します。慣れてきたら，表現する部分を延ばしてもよいです。また，お互いの動きを見合う活動を入れると，友達の表現を参考にしながら曲に対するイメージをより膨らませることができます。最後には，「春の海」を全曲通して聴いてみましょう。児童はこれまでの活動で旋律や曲想に十分親しんでいるため，再びはじめと同じ部分が現れることに気付いたり，曲想の変化に気付いたりしながら聴くことができます。これらの活動を通して，曲のよさを味わったり，情景を想像したりしながら音楽を聴く力が身に付きます。

（房野　雄輝）

71 「春の海」との関連の音楽づくり
―タブレットで音楽をつくる―

| 聴き取り感じ取る要素 | 音色，旋律，音階，呼びかけとこたえ |
| 学年／領域 | 高学年／音楽づくり，鑑賞との関連 |

1 作品や題材などの特徴

鑑賞教材「春の海」では，箏や尺八の音色や旋律の特徴を聴く学習をします。本物の箏に触れて体験し，響きを体を通して味わうのは大切ですが，ここでは児童にとって身近なタブレットを使った和楽器擬似体験をし，協働的な音楽づくりへと発展させていく例を紹介します。

2 リトミックを生かすアイデア

① **直感的に触りながら音鳴らしをしよう**

タブレットを使って，箏の演奏体験をしてみましょう。Apple 社の GarageBand という純正アプリの中にはバーチャルの箏があり，画面に表示される13弦に触れると発音します。スケールを「日本」に設定すると，平調子（都節音階と同じ）の音の並びになります。触れる強さで強弱をコントロールしたり，弦を左右にスワイプして音程を揺らしたり，トレモロ奏法ができます。指の使い方をコントロールしながら様々な触り方を試してみましょう（ここでは GarageBand を紹介していますが，GarageBand 以外でも「iKotoHD」「kotoratch」などのバーチャルの箏アプリがあります。操作方法や内容は異なりますが，擬似体験はできます）。

② **ルールに沿って即興的に演奏しよう**

1）リズムを工夫してスケール奏

使う音域を決め，上行か下行かどちらかを選び，決められた拍の中でリズ

ムの表し方を工夫しながら演奏してみましょう。
例：１オクターブ６音のみ（レ・♭ミ・ソ・ラ・♭シ・レ）　４拍分
２）４拍分の自由な組み合わせでリレー奏
　上記の音を使って音の組み合わせやリズムをランダムにして演奏しましょう。慣れたら，Ａさん演奏→全員でラララでまねっこ唱→Ｂさん演奏→全員でまねっこ唱……のように，リレー方式でつなげて演奏してみましょう。
３）音のしりとり奏
　何人かでグループになり，フレーズを回しつなげて演奏します。１）のように使う音の範囲を限定した方がやりやすいでしょう。フレーズを受け取る際は，前の人の最後に鳴らした音から始まるようにしてみましょう。画面を見ずに聴いただけでしりとりが出来る達人はいるでしょうか？

③　合いの手遊びをしよう
　春の海の中間部では，箏と尺八のかけ合いが展開されています。そのスタイルを模して，モチーフに対して合いの手を入れるやり方で音楽づくりを楽しみましょう。ペア，もしくはグループとなりモチーフを奏でる役と，合いの手を入れる役に別れます。モチーフは３拍以内にまとめましょう。繰り返し４度，４小節演奏します。合いの手はリズムの入れ方を工夫しながら，４拍目，もしくはモチーフに少し重ねる感じで入れてみましょう。役割は適宜交代して行ってください。合いの手は他の楽器でも行えます。
　せっかち？　穏やか？　元気な？　どんな合いの手を入れてお話しましょうか……。

（佐藤　温子）

72 「ハンガリー舞曲第5番」
―曲想の変化を味わいながら聴く―

聴き取り感じ取る要素 旋律，速度，拍，強弱，フレーズ，調，変化
学年／領域 高学年／鑑賞
作詞／作曲 ブラームス作曲

1 作品や題材などの特徴

「ハンガリー舞曲第5番」は，全21曲あるハンガリー舞曲集の中で最も有名な作品で，大きく分けるとA－B－Aの3部形式で構成されています。熱気をもったAの旋律や，活気と静けさが交差するBの中間部，目まぐるしく変わる速度や強弱，調性の移り変わりなどが特徴です。ここでは，曲想の変化を味わいながら，楽しく鑑賞できるようにしましょう。

2 リトミックを生かすアイデア

① みんなで拍を回そう

はじめに，10人程のグループになり円をつくります。そして，1人1拍ずつ拍を打ち（手拍子や足拍子，ボールをつくなど），まずはゆったりとした速さでグループ内で隣の友達に拍を回していきます。この活動に慣れてきたら，「ハンガリー舞曲第5番」の演奏に合わせて取り組みましょう。実際に音楽と合わせることで，速度の変化が感じ取りやすくなります。また，同時に強弱に合わせて拍を打つ強さを変化させると，曲のよさや特徴の気付きがより深まります。

② 音楽に合わせて歩こう

　拍を回す活動に慣れたら，次は「ハンガリー舞曲第５番」の音楽に合わせて歩きます。まずは，速度の変化を聴き取りながら拍に合わせて教室内を自由に歩きます。その際，強弱の変化に合わせて歩く強さを変えたり，調性がもつ雰囲気や曲想に合わせて表情をつくったりすることができると，よりよいです。比較として，速度の変化が少ない「つるぎのまい」を用いて同じ活動を行うことも効果的です。実際に両方の曲で動いてみたり，友達の表現を見合ったりすると，曲の特徴や曲想の変化を感じ取りやすくなります。

③ フレーズを感じ取ろう

　音楽に合わせて歩く活動の展開として，フレーズごとに歩く向きを変えてみましょう。この曲のＡの部分は，８拍ごとのフレーズに分けることができます。また，Ｂの部分の軽快な冒頭は６拍ごと（もしくは12拍ごと），ゆったりした部分は４拍ごと（もしくは８拍ごと）に分けることができます。はじめは，フレーズの変わり目（８拍のフレーズの場合は８拍目）で，教師が「はい」と声で合図をすると動きやすいです。慣れてきたら，イラストのように友達とハイタッチをしたり，フレーズごとに動く人を交換したりすると，より楽しい活動になります。また，②の活動のように歩き方や表情を工夫することができると，よりよい学びとなります。これらの活動を通して，曲想の変化を味わいながら音楽を聴く力が身に付きます。

（房野　雄輝）

73 「こびとのロンド」
―ダルクローズの子どもの歌―

聴き取り感じ取る要素 音色，旋律，音の重なり
学年／領域 全学年／鑑賞，歌唱，音楽づくり
作詞／作曲 エミール・ジャック＝ダルクローズ

1 作品や題材などの特徴

　動きと音楽の教育，リトミックを考案したダルクローズ（1865-1950）は，生涯にわたって多くの音楽作品を作曲しています。ピアノ曲，室内楽，音楽劇，動きのための舞踊曲，リトミックの活動に用いるピアノ小品等々。歌も多数つくっています。

　本書では子どもためにつくった「こびとのロンド」を紹介します。

　ロンド形式（Ａ－Ｂ－Ａ－Ｃ－Ａ－……）で　テーマＡの間に挟まれるメロディ部分が掃除，洗濯，畑仕事などいろいろな日常動作の歌になっています。

　擬声語（オノマトペ）のリズムパターンでその動作をします。

2 リトミックを生かすアイデア

　一緒に歌って，動きをみんなでつくって踊ってください。スイスの風景が思い浮かぶ歌詞ですが，私たちの日常生活に置き換えて，替え歌でも楽しみましょう！　聴いて　歌って　動いて　つくって　楽しんで！

　これこそがリトミックの原点です！（QR1）

140

こびとのロンド

ダルクローズ作詞・作曲（日本語訳　井上恵理）

① ♪〜オリーブのほうきで　お掃除してる〜♪
② ♪〜畑にこっそりやってきて　おいしい野菜をつくる〜♪
③ ♪〜あぐらをかきながら　洗濯物をしてる〜♪
④ ♪〜牛小屋に入り込み　牛の世話をしてる〜♪
⑤ ♪〜牛の乳をしぼり　おいしいバターをつくる〜♪
⑥ ♪〜赤ちゃんのそばにやってきて　子守りをしてる〜♪

（井上　恵理）

【執筆者一覧】（執筆順　所属・職は執筆時）

井上　恵理　　国立音楽大学教授

酒井美恵子　　国立音楽大学教授

岸田　　衛　　国立音楽大学附属小学校教諭

佐藤　温子　　国立音楽大学非常勤講師

　　　　　　　国立音楽大学附属小学校講師

房野　雄輝　　東京都八王子市立上川口小学校教諭

佐川　静香　　おやまの小さな音楽教室 GELATO 主宰

【動画撮影協力者一覧】（学年は収録時）

国立音楽大学　音楽学部4年　安田大朗，3年　高橋桃子，三橋さくら

国立音楽大学附属小学校　1～6年生児童

おやまの小さな音楽教室 GELATO　4年生，6年生児童

【編著者紹介】
井上　恵理（いのうえ　えり）
東京藝術大学音楽学部楽理科卒業。ジュネーヴ・ジャック＝ダルクローズ音楽院（Institut Jaques-Dalcroze）卒業。ダルクローズライセンス，ディプロマ取得。国立音楽大学教授，「リズムの森」総合指導主任，日本ジャック＝ダルクローズ協会副会長，全日本リトミック指導者研究会理事。『"体を楽器"にした音楽表現　リズム＆ゲームにどっぷり！リトミック77選』『動いてノッて子どもも熱中！リトミックでつくる楽しい音楽授業』（何れも共著，明治図書）他，著書多数。

酒井　美恵子（さかい　みえこ）
国立音楽大学ピアノ専攻卒業。東京都の音楽科教諭及び指導主事を経て現在，国立音楽大学教授。『学びがグーンと充実する！小学校音楽　授業プラン＆ワークシート』低・中・高学年全3巻（編著，明治図書），『中学校音楽新3観点の学習評価完全ガイドブック』『中学校音楽科教師のための授業づくりスキル　コンプリートガイド』『無理なく楽しく取り組める！読譜力＆記譜力アップ音楽授業プラン』（何れも共著，明治図書）他，小中学校の音楽授業に役立つ著書多数。

〔本文イラスト〕木村　美穂

音楽科授業サポートBOOKS
はじめてでもわかりやすい
リトミックを活用した授業アイデア　小学校音楽

2024年9月初版第1刷刊	ⓒ編著者	井　上　恵　理
		酒　井　美恵子
	発行者	藤　原　光　政
	発行所	明治図書出版株式会社
		http://www.meijitosho.co.jp
		（企画）木村　悠　（校正）染谷和佳古
		〒114-0023　東京都北区滝野川7-46-1
		振替00160-5-151318　電話03(5907)6703
		ご注文窓口　電話03(5907)6668
＊検印省略	組版所	株式会社　カシヨ

本書の無断コピーは，著作権・出版権にふれます。ご注意ください。

Printed in Japan　　ISBN978-4-18-362714-8
もれなくクーポンがもらえる！読者アンケートはこちらから→